U0456123

海河西岸记忆丛书

中国人民政治协商会议
天津市河西区委员会 编

前世今生德租界

张绍祖 著

天津社会科学院出版社

图书在版编目(CIP)数据

前世今生德租界 / 张绍祖著. -- 天津:天津社会
科学院出版社,2018.12
(海河西岸记忆丛书)
ISBN 978-7-5563-0531-5

Ⅰ.①前… Ⅱ.①张… Ⅲ.①河西区—地方史 Ⅳ.
①K292.13

中国版本图书馆 CIP 数据核字(2018)第 288914 号

前世今生德租界
QIANSHI JINSHENG DEZUJIE

出版发行：天津社会科学院出版社
出 版 人：张博
地　　址：天津市南开区迎水道 7 号
邮　　编：300191
电话/传真：（022）23360165（总编室）
　　　　　（022）23075303（发行科）
网　　址：www.tass-tj.org.cn
印　　刷：北京建宏印刷有限公司

开　　本：880×1230　毫米　　1/32
印　　张：6.5
字　　数：100 千字
版　　次：2018 年 12 月第 1 版　2018 年 12 月第 1 次印刷
定　　价：58.00 元

序

杨大辛

　　我与河西区可以说凝结了深厚的乡土情缘。1925 年 2 月我出生于河西区(当时称特一区)三义庄宝德里,此其一;1952年 5 月我定居河西区(当时称第六区)福建路,从先严至后辈子孙四代人先后在此居住,此其二;1978 年 6 月政府安排我到市政协主持文史资料的编辑出版工作,从而与河西区政协文史资料委员会始终保持协作关系,在我离休后个人依旧与区政协文史委长期往来联系至今,此其三。回顾我这一生虽然历尽坎坷却始终勤奋敬业,得以在编史修志事业方面有所成就,心安理得。我在河西区居留六十余载,可以说这里是我安身立命之"福地"。

　　河西区政协的文史工作,多年来始终与时俱进,成绩斐然。近日获悉,正在着手汇编《海河西岸记忆丛书》,涉及有关海河西岸的历史变迁、风土民俗、名人逸事等诸多方面史料,工程浩繁,目前正在紧张编写中。未读书稿,何以评说?得悉各册撰稿人如章用秀、张绍祖、金彭育、尹树鹏、齐珏诸君,都是相识多年的老朋友,他们治学严谨,文笔流畅,各自完成精心制作,当可期待耳!

前世今生德租界

河西区政协李耀进主席嘱为此丛书写篇序言。我虽已挂笔数载，承蒙如此厚爱，情不可却，遂信笔谈了以上几点感知，聊以复命，不成体统，尚祈谅宥为盼。是为序。

2018 年 8 月

河西历史文化概论

尹树鹏

　　河西区被人们亲切地称作海河西岸。她以自己悠久的历史和丰富的文化内涵在天津地区做出了独特的贡献。将她的历史文化写出来、讲出来会让河西人充满信心地实现中国梦。

河西的由来

　　天津是海河及其支流孕育出的城市，到清代老城以外的居民聚落，都沿河而成，还都形成了有名有姓的村庄。随着城市的发展和人口的增加，它们逐渐融合在一起，成为我们现在的成片社区。天津中心城区最早的地名是金代坐落在三岔河口地区的直沽寨。到元代改称海津镇，在三岔河口及其下游建立了漕运管理的中枢，即大、小直沽。1282 年全部改为海上漕运后，大型海船从南方沿海绕过山东半岛，进入渤海湾，沿海河口到大直沽停泊。此地宽阔的河面上聚集着大吨位的漕船，为加强管理，海河下游成为漕运大动脉。直沽南部地区河面宽，两岸阔地多，故形成大码头被叫作大直沽。北部的三岔河口一带，河汊多、水面窄，被叫作小直沽。大直沽遂成为海漕的中枢。到元代延祐年间，大直沽已成为保障元大都粮米供应、海路漕运的终点码头。也最先成为天津地区海河岸边第一个行政中心。明代胡文璧写道："元统四海，东南贡赋集刘家港，由海道上直沽，达燕都。舟车悠会聚落始繁。有官观、有接运厅、有临清户府……"先有大直沽后有天津卫，这是历史事实。河对岸却叫小刘庄，似乎两者没有什么历史渊源，一块出土的墓碑将两个村庄联系了起来。

1954 年在浦口桥出土了一块黄溥的墓志，碑文上刻有："奉柩于静海县大直沽河西祖茔之次。"黄溥是卒于 1520 年的天津左卫指挥，是明代天津早期的高级军官。这个墓碑再次直接证明了河西的小刘庄地区和河东的大直沽地区是一个整体，只是当时尚未独立。还证明了小刘庄地区的村落形成于元代，远早于其他形成于明清时期的村落。不是《津门保甲图说》标明的清代村庄。《津门保甲图说》是天津官方首次对天津县全境村落进行户籍调查所做的图示文字说明，它只是现状调查，其价值是用图示表明了当时各村落的相对位置，为研究村落在道光年间的状况有了精确记述。但要追述各村来历尚要有以前文献进行考证，绝不能根据"图说"而认为它们都是道光年间形成村落。天津官渡修建的文献也说明了小刘庄早在明朝之前就是村落的依据。明万历十六年(1588)天津兵备道查志隆命天津三卫经历司造渡船，设渡口八处，其中就有大直沽渡口，这是八个官渡口之一。西岸正是小刘庄村，与它相连的诸多村庄都没设官渡，说明大直沽西岸与东岸繁荣同步。之所以不提出小刘庄村名仍然是将两岸当作一个整体村子来看。而后西岸逐渐发达壮大，有了独立资格，以村中大户刘姓为村名也自然了。小刘庄的"小"并不是规模小而是和大直沽的"大"相对应。村中建了关帝庙就是村子独立的象征。1923年刘庄大街东口所建牌坊上面镌刻的"刘庄大街"四字为大直沽的书法家李学曾所书,也说明了二村斩不断的社会关系。各时期的地图都绘出小刘庄大街和大直沽中街隔河相望,所以在海河西岸众多村落中,小刘庄早在元代就出现了,在明代其规模和繁荣程度都大于其他沿河村庄。在清代独立后有了小刘庄村名。它就是河西地最早的村落,是海河西岸向城市化发展的原点。

海河西岸北国江南水乡的原生态

海河平原地势低洼,海拔仅 3~5 米。流水不畅,使海河的河道成为羊肠状。大小河套在环抱处产生了相对应的环水高地——沽。沽给人们在岸边水旁生活创造了条件。河西地区因处于海河上游河道弯曲最多的地段, 就成为古代海河沿河村落分布最密集的地区。早在宋代已有三女寨(现灰堆一带),元代沿河居民开始增多。到明代有名有姓的村庄已很多了。1404年(明永乐二年)三岔河口建城设卫,城的北门与东门外很快繁荣。到 1902 年又向东北方向开辟新河北地区推行新政,天津城市化的过程基本完成。河西地区距老城较远,没有参与天津旧有商业带和文化带的发展, 而是以独特的原生态农耕区成为起点并以天津农耕文化的源头成分融入天津市区。1404年明王朝在下令设卫的同时又下令在天津屯田,到后期已成高潮。

　　明万历二十六年(1598)官员汪应蛟经过观察分析认为，海河沿岸土地非常肥沃，但无水则碱，得水则润，若挖沟筑埝定成膏腴。他亲自组织开垦了贺家围、何家围(现上下河圈一带)等十围屯田。其中何家围就是十字围中距天津城最近的一围。到天启年间，左光斗又将屯田与办学结合，安排卢观象增垦4围屯田。现河西地区的陈堂庄(现陈塘庄)、土城、东西尖山、何家圈(现上下河圈)、寇家口(现贺家口)等村落已是鸡犬相闻，鱼蟹举纲、风景依稀，绝似江南。这次在贺家口以南共垦出良田3000亩。清康熙四十三年(1704)天津总兵蓝理又在城南开垦水田近200顷。河渠圩岸周数十里，其范围北从马家口，南到贺家口，西至八里台，东到海河边，全是水田漠漠，十里稻香。改变了以前城南水乡泽国没有人烟的状况。完成了农业区域向北推进与城南连成一体，到雍正五年(1727)贺家口地区已出现2~3穗的水稻变异品种。清代诗人姚承丰写道："十字围，获早稻，车戽声中波浩浩。七十二沽云水乡，半是捕鱼不插秧。"汪司农，蓝总戎，能以人力夺天工，二千余亩分田界，葛沽以北白塘东。秋色红莲稻花吐，直使斥卤成膏土。吁嗟乎，十字围，非小补而后。卫青萝卜在小刘庄已育成优良品种，佟楼地区出现了奶牛、蛋鸡养殖业，河西地区成为天津新型农业的代表。其农耕生态景观一直延续到1900年前后。这种多水的田园风光使贺家口引河沿岸出现了众多的私人园林，如：桃园、蔡家花园、丁家花园、倪家花园等，成为天津南部最宜休闲的地区。

现代工业强区的形成与发展

19世纪是西方工业文明的青年时代,科学技术快速推进了社会的繁荣和经济实力。1860年天津被迫开埠,遂成为京畿地区吸纳工业文明的首座城市。工业建设率先在海河西岸驻足,这是因为海河东岸多为储盐的盐坨分布区,与城里又隔河相阻,而海河西岸河堤以外多坑塘荒地,地价极贱,与城里又畅通无阻。此时的货物运输以水运为主,海河西岸就成了修建码头的理想区域。吸引了最早一批民族实业家在此投资建厂。其代表是:中国第一家机制面粉加工厂——"贻来牟"。贻来牟在紫竹林庙宇以南,轮船招商局码头区域内建成,清光绪四年(1878)十一月二十一日上海《申报》对此进行了报道与点评:"机器制造创于泰西而效行于中国。五年以前,粤东购有织布及轧花机器两架,华人耳目为之一新。天津麦面盛行,今秋又有宁人购来磨面机器一座,在紫竹林招商局下开张磨坊,名曰'贻来牟机器磨坊'……"出面极多且面色纯白,与用牛磨者迥然不同,现已远近驰名。又报其每年可获利六七千两白银。其创办人即为招商局会办朱其昂。

1884年,在与英美租界毗邻的海大道一带,广东人罗三佑创办了德泰铁工厂为船舶、矿业提供修配服务。1886年,以制作小型铁质器具为主的万顺铁工厂也相继出现。这一年汇丰银行买办吴懋鼎相约中外股东购地64亩在河西贺家口建成天津最早的大型火柴厂——天津自来火公司。之所以在这建厂也是因为运输制造火柴用的优质木材便利,到1900年以前海河西岸就已成为天津民族工业最为集中的区域。该地区是天津近代工业的重要发祥地,天津第一家火柴厂"天津自来火公司"、天津最早够规模的现代化地毯厂"玉顺永"率先在此区域建成,并带动了周边形成了地毯厂集中区片,使该地区成为中国地毯的摇篮。1918 年建成的"裕元纱厂"是天津规模最大的纺纱厂。天津最早的内燃机厂、最大的制革厂和印刷设备始终领先的天津印刷厂也都诞生在该地区。其中建在小刘庄海河边的裕元纱厂由王郅隆、倪嗣冲等人集资 556 万元,是天津当时规模最大、获利最丰、实力最雄厚的纺织纱厂,开近代天津大型纱厂之先河。它生产的 14 支优质棉纱织成的五福牌白布成为市场品牌。天津市民将老五福白布和三桃面粉作为保值的商品,它们的价格长期是天津市场物价指数的标准。

德国早在 1895 年就获得了 1034 亩的河西租界地,但没有开发,到 1900 年以后又向东向南扩展到 4200 亩,市政建设才逐步展开,并切入了德国的先进工业。1903 年在穆姆路(现徐州道)建成德华印字馆,后改为北洋印字馆。备有当时世界最先进的海德堡印刷机,是天津印刷技术最先进的印刷厂。它能承担油印、铅印、胶印和印制精美的各种带照片的广告,为天津印刷工业的发展起了引领的作用。此时的德租界已有了经济的初步繁荣,德国人起士林与巴德尔创办了起士林西点铺,而起士林本人曾担任过德皇威廉二世(改为"远洋轮船上")的厨师,他做的西点引起了天津中西各界人士的青睐。也是西方食品工业在天津的最早雏形。

1908 年 3 月,津浦铁路北段开工,因起始站尚未定址先从良王庄修起,为卸下德国水运来的铁路器材和机车部件先在沿河陈塘庄修建码头和站场。因此津浦铁路所属的机车修配车间在此落成。建设了车、钳、铸、锻、焊等各种一流设备,而后发展成津浦铁路局附属的机车修配厂——津浦大厂。它是天津第一个大型机械厂。1914 年第一次世界大战期间为天津民族工业发展提供了一次空间。因取水、排水和水运方便,1918年在小刘庄附近沿河地带建成"裕元纺织股份有限公司"。该厂资本为 560 万元,织布机 1000 台,纺织能力为 75000 纱锭。工人最多时达 6000 人,每年产棉纱 54000 包,棉布 641982匹,是天津乃至我国北方最大的纺织企业。1921 年在挂甲寺附近又建成"北洋商业第一纺织股份有限公司"。其资本 300 万元,纺织能力 28000 纱锭,工人 1600 人,年产棉纱 20000 包。河西沿岸成为天津南部纺织工业带。

在 1900 年以后河西地区又诞生了一个为中国创汇达一个多世纪的地毯工业。先是先农公司在德租界大沽路建立的洗毛厂,用机械洗整羊毛。其西南方又建有武齐洗毛厂。小刘庄、谦德庄、三义庄和马场道以南区域的众多家庭妇女都在家手纺毛线,为地毯工业提供原料。到 1916 年天津有地毯厂 13家,织机 398 架,而后快速发展。到 1926 年天津地毯出口已占全国地毯出口额的 79.4%,够规模、产量大、质量优的地毯厂绝大部分集中在河西地区。其中有名的是:美资"乾昌地毯厂"是天津最大的地毯厂。它的出现激发了中国民族地毯业的崛起,1926 年张庆林在徐州道建成"庆生恒"地毯厂并亲自携带翻译到美国进行商务考察和推销产品。在美期间,与新伙伴瑞海公司签订了 4 万平方米的地毯合同并吸纳了美国的先进洗、染、织等技术。成为中资化学染色、化学水洗,具有独立出口权的第一家中资地毯厂。其余像仁立地毯厂、东方地毯厂、玉顺永地毯厂、大丰地毯厂、渤海地毯染织厂等众多地毯厂家都集中在河西地区。据外贸统计，下瓦房及周边地区织毯工人及为他们纺毛线的家庭妇女和专业工人在 1938 到 1939 年期间有十万多人。创造了巨额外汇。为以后的地毯工业打下江山，成为中国现代地毯业的摇篮和基地。

1928 年以后天津社会形势比较平稳，河西地区工业稳步发展。利津铁厂、同兴利铁厂等十几家小型重工业厂家相继建成。当时所用的车床、电机、锻炉等设备已很先进。而规模更小的机械、铸造、纺织等小工厂在小刘庄以北沿河地带大规模的出现。

日本经济侵华的战略催生了日资在河西大规模建厂

早在 1898 年日本已在英法租界西北部抢得日租界，但在《天津日本租界条款》附带了许多隐秘的阴谋。一为扩大租界创造条件，二是将德租界以南小刘庄附近 200 亩地划归日本专用码头用地。遂经中国政府交涉，土地收回但码头设施日本仍然掌控。1931 年"九一八事变"后，日本利用中国华北政局混乱之际强行在河西地区兼并中资企业和建立日资企业。1936 年收买了裕元纱厂。1936 年至 1945 年在该地区建立了规模大、设备新的工厂 22 个。其中有华北地区最大的现代化造纸厂——东洋制纸工业株式会社，即后来的天津造纸总厂。维新化学株式会社、上海纺织株式会社天津工场、协和印刷厂、满蒙毛织株式会社天津第一工场、兴亚钢业株式会社等工厂。这些企业利用中国的资源和廉价劳动力攫取大量利润，挤垮了中国的民族工业。

抗日战争胜利后，国民政府经济部和资源委员会将日伪财产收为国有。此时河西区首次担当了新天津的工业区，而后依照天津市工业布局规划进行了大规模的工业建设。首先对私营工业进行社会主义改造，1952年全区有私营工厂900多家，但都规模小、布局分散，自1953年4月开始成批进行私营企业的社会主义改造。到1956年1月份改造完成。其主要代表厂家有：北洋纱厂、新兴钢厂、华北化工厂、惠福木器制造厂、公裕化工厂、联华橡胶厂、大明钢厂、渤海化学厂、仁立蛋厂、仁立毯厂、大成五金机械厂、同华茂铁工厂、美亚织绸厂。到1956年1月14日又将规模极小的216家私营工厂全部实行公私合营。1953年开始实施第一个五年计划，天津市决定在陈塘庄铁路以南及土城一带建设整片的新兴工业区。而后天津市的大批私营企业经合营改造陆续迁入此地。到1957年陈塘庄土城工业区已初具规模。1958年，该地区快速发展，一大批新型的重工业工厂建成。形成了大中型企业为主，门类齐全并附带仓储和铁路入厂的大型工业区。主要有：天津市第四造纸厂、天津感光材料厂、天津无缝钢管厂、天津工具厂、天津焊条厂、天津第二冶金机械厂、天津真美电声器材公司、天津渤海无线电厂、木材二厂和木器三厂等。这个发展历程使河西区成为天津南部工厂最集中、类别最齐全、技术最先进、经济贡献最大的区域之一。这种局面一直持续到1975年。在1975年天津市进行工业布局规划时仍然将河西地区许多土地作为工业预留地。这些工厂生产的重工业产品支撑了天津工业的发展，轻工业产品成为三北地区人民乐于消费的优质产品。如：保温瓶、纯棉布和精纺细纱高档府绸；有些是优质军用无线电器材；染料和玛钢件闻名国内外；手工地毯成为国际工艺精品。到 1995 年底，河西区共有市属企业 544 家，20 多个门类，近 100 个行业。对天津的经济产值和对外地的支援做出了巨大的贡献。随着经济体制改革的深入发展，天津工业布局调整，进行战略性东移。再加经济结构的变化和新兴产业的兴起，许多工厂被关、停、并、转，迁出市区，为腾空后的陈塘工业区迎来了信息化时代的结构调整。

2008 年，根据《市内六区土地平衡项目试点暂行办法》，此处规划为"陈塘科技文化园"。2009 年更名为"天津陈塘科技商务区"，使其成为河西区重点打造的"八大功能区"之一。商务区总占地面积 2.78 平方公里，由微山路、珠江道、城市景观带、郁江道等合围而成，总规划建筑规模 491 万平方米，平均容积率 3.94，预计总投资将近 400 亿元。在建设中，商务区以"总部基地、北方高技术服务核心区和天津文化传播中心"为产业定位，按照"3+1"发展模式，重点发展高技术服务业、高技术楼宇工业、文化创意产业和总部基地。这是天津中心城区唯一一片较为完整保留下来的升级换代的工业区。老企业虽然已百年沧桑，它保留的工业遗产文化是河西区历史文化中的重要组成。

海河西岸中西文化交融与汇集的内涵

早在 1917 年德租界被收回并改建为天津特一区后，市政建设快速发展。典型的德式建筑群座座斜坡屋顶，披盖着红色鱼鳞瓦。和之前的大型建筑德国俱乐部再配以宁静的街道和院墙里探出的德国洋槐和紫藤在春天的花香，吸引了大批官僚和富人在此过上寓公的生活。徐世昌、吴毓麟、曹汝霖、田中玉、孟恩远、龙觐光兄弟、萧振瀛、张廷谔、袁克定、杨度等老派名人都在此有宅邸。而侯德榜、俞平伯、乐达仁、雍剑秋等人都在此处完成着自己的事业。日本间谍川岛芳子也曾隐匿该地区。

河西教育发达，中学、小学、幼儿园、专科学校、外侨学校成龙配套。是中国大学教育和中学教育的发祥地。1895年10月2日中国第一座新型大学——北洋西学学堂一等学堂在河西梁家园（今海河中学一带）诞生，同时这座新型大学的预科——二等学堂随之诞生，这是中国第一座公立中学。严复1896年创办的天津俄文馆，大营门是中国最早的官办俄文专科学校。天津民立第三十九小学堂(今土城小学)于1905年创办于土城村，是区内第一所新式小学堂。1907年德华普通中学堂(今海河中学)创建于原北洋大学堂旧址，是天津租界最早的中学之一。1908年由中国第一位女留学生金韵梅创建的北洋女医学堂(今天津医专)是中国第一所公立护士职业学校。1909年德国侨民会创建的德国侨民学校(今台湾路小学)是天津最早的侨民小学之一。1914年创建的圣功女学几经周折于1940年秋天，在马场道上的陶园原址建成新校舍，这座"圣功楼"保留至今，是新华中学所在地。现天津外国语学院院址是曾经享有"煌煌北国望学府，巍巍工商独称尊"之誉的天津工商大学原址，它于1921年创建于马场道。特别是40年代中期，该校人才荟萃，堪称与美国康乃尔大学相伯仲，居于天津各高等院校之首。其所属的"北疆博物院"曾被誉为世界上"第一流的博物院"，其附中(今实验中学)与南开、耀华、官立中(今三中)齐名。

由于这些老学校的诞生，河西地区出现了众多的著名教育家。如盛宣怀、丁家立、严复、李建勋、郑朝熙等；在天津河西老学校中涌现出了名师吴稚晖、徐德源、饶伯森、高镜莹、顾随、冯朋弟等；天津河西老学校桃李遍天下，他们之中有我国第一张大学毕业文凭获得者——王宠惠、中国矿冶第一人——王宠佑、"中国奥运之父"——王正廷、著名政治家、实业家、教育家金邦平、著名物理学家袁家骝博士等。

天津河西近代教育在我国、我市占有重要地位。到1948年有私立高等院校3所，公立中等师范学校1所，中等职业学校1所，私立中学6所，公立小学12所，私立小学20所，厂办小学3所，补习学校3所，识字班1所，私立幼儿园2所，6所小学附属幼稚班。新式教育几十年稳步发展，到20世纪30年代形成高潮。著名的有天津市立师范学校、育德学院、达仁学院。现代化的卫生机构分布密度为全市之冠。历史悠久的有德美医院、苏联公民协会医院、天津协和医院。1949年以后建成的人民医院、医大附属二院、河西医院、下瓦房卫生院及后来的环湖医院等至今仍是天津市的骨干医院，为人民的健康发挥着重要作用。该地区原有天津盐商李氏私家园林——荣园，以张伯驹为代表的许多名流文人在此雅集，后改为公办的人民公园。此地还是宗教场所集中的地区。天主教、东正教、基督教、伊斯兰教均有教堂。并在其周围建立起许多相应的教区设施，也成为河西文化地理的特殊景观。改革开放以后河西区因没有铁路分割及水面景观较为丰富，为建设现代化的大型公建设施，提供了便利的条件。

改革开放四十年的辉煌

进入新世纪,古老的海河西岸迈出了现代化的快速步伐。从党的十一届三中全会召开开始,河西区以改革为动力,以改善人民群众居住条件为着力点,以造福于人民的宗旨意识,以创新的招法,在中心城区走在了城市现代化的前列。率先在危陋房屋的改造中先行先试,实施大规模的住宅改造和新居民区的建设。自20世纪80年代末至90年代,历经两次大规模的危陋房屋改造,在市区率先并提前完成成片危陋平房改造任务。并积极落实天津总体规划,促进多处市级大型公建设施在河西建成。

这些大型公建设施,既有市级行政办公中心,也有市级大型旅游宾馆建筑群,更为重要的是将分散在天津各地的文化设施集中在此,建成了天津市的文化中心。并在其北部建成有巨大水面相连的银河广场。使它形成天津的文化和交通中心,还兼有购物功能。天津文化中心是一个大型的文化机构组团,由天津博物馆、天津大剧院、天津美术馆、天津图书馆、天津自然博物馆和青少年活动中心组成。与之相呼应的是1991年在天塔湖中建起的高达415.2米的"天塔",是津门十景之一。空间快速成为钟灵毓秀之地。蜿蜒的海河滋养了新一代淳朴、乐观又充满活力与理想的河西人。西岸明珠天津河西,在中心成区改革开放期间的光辉成就成为河西人民自信的思想源泉。河西区在改革开放的历史进程中走过了四十年,四十年的成就有目共睹。在城市建设方面率先建成教师村,继而规划建成小白楼中心商务区、友谊路金融街、梅江生态居住区,率先完成全区集中供热。当下河西区经济总量、城市管理、城市服务、城市交往等领域始终位于前列。2002年,河西区作为天津市唯一区被国家计生委确定为全国婚育新风进万家活动项目示范区。2007年河西区被中国国际跨国公司研究会与联合国开发计划署等单位和组织评选为"跨国公司最佳投资城区"。2008年,河西区荣获"国家卫生区""幸福城市政府贡献奖"称号,同时当选"天津最具幸福感城区"。2016年,河西区重新确认国家卫生城市(区)。2017年河西区当选"中国年度文化影响力城市""国家级妇幼健康优质服务示范区""国家公共文化服务体系示范区"。天津市阳光体育先进区和中国最具海外影响力明星区,并承担了国家全运会天津全运村的建设。2017年8月15日正式开村运动员入住至9月10日顺利闭村,历经27天高效运行,共接待运动员、技术官员、媒体记者约15000人,禁住了城市管理的考验,树立了河西区的城市面貌。这些成就无不彰显着各级党组织不忘初心,始终在路上的坚定革命步伐和全区人民上下齐心共同奋斗,为实现中国梦付出的努力。这些成就为天津建成国际大都市既提供了现代化的城市景观又谱写出了当下河西前进的历史篇章。

远远早于天津设卫建城的海河西岸人杰地灵,解析它出现聚落的最早年代,还原它北国江南水乡的原生态风貌、介绍现代工业文明与古老农耕文化在此交汇的历程。及此区域为天津的首善之区,和它在中华人民共和国"青春期"做出的巨大贡献。这些历史基石必将永远成为河西人爱家乡的精神宝库。

2018年6月15日

目　录

工商史话

兴学宝地

杏林回眸

文化长廊

名楼轶事

人物春秋

前　言

　　1895 年 10 月 30 日,天津海关道盛宣怀、天津道李岷琛与德国领事司艮德签订《天津条约港租界协定》(《德国租界地合同》),于 1896 年 1 月(光绪二十一年十二月) 允许德国在天津永久设立德租界。在中国土地上,德国人强占租界,把墙子河内的三个村庄——梁家园、小靳庄、小王庄强迁到墙子河以南,在德租界设立工部局,驻有军队,这对中国人来说无疑是一个耻辱。

　　1917 年 3 月 16 日,直隶省长朱家宝派天津警察厅长杨以德和天津交涉员黄荣良率军警 300 人前往接收天津德租界。中国人可谓扬眉吐气的一天。8 月 17 日,原德租界改称天津特别第一区,简称特一区。这是中国人在行使主权,在河西大地上建立的天津第一个行政建制区。

　　2001 年河西区政协在李玉田主席主持下, 对河西区的德式风貌建筑和历史人文资源进行比较深入的调研。据调查,现河西区保存较完整的德式风貌建筑, 约 165 处、11 万平方米,分布于 16 条道路,大体分布在解放南路(从徐州道到琼州道)两侧,东到台儿庄路,西到大沽南路。在德式建筑区内,在近代,曾经是名人荟萃,这里有大总统袁世凯、黎元洪、徐世昌,国务总理钱能训、安福系财政总长王郅隆、交通总长吴毓麟、海军总长刘冠雄、陆军总长吴光新、江苏督军、长江巡阅使张勋、黑龙江督军毕桂芳、湖北督军卢金山、吉林督军孟恩远、爱国将领张学良、参政杨度、两任天津市市长张廷谔、袁世凯之子袁克定等人的故居。在德式建筑社区还居住着德璀林、汉纳根、盖苓、海洛斯、伯瑞尔、起士林等德国、奥地利名人家族。

据德国来访的客人讲，河西区保存的20世纪初德式风貌建筑群在世界上是绝无仅有的，这是德国境外保存较为完整的德式建筑社区，在德国也找不到。是历史给以我们河西区的宝贵资源和财富。历史文化遗产属于全人类。这些德式风貌建筑是全人类、是中国，是天津市，更是河西区珍贵的历史文化遗产和得天独厚的宝贵财富，加上河西众多的历史文化名人，构成我区不可多得的旅游资源，也是对外开放，吸收内外资的原始资本。

天津原德租界是把双刃剑，其告知我们落后就要挨打，爱国就要发愤图强，要勿忘国耻，不忘那屈辱的年代。其留下历史文化积淀，是历史的教科书。目前，天津正在加速整修包括德式风情区在内的七大异国风情区的建设，天津市区沿海河两岸正在形成一条异国风情带。天津德式风情区启动工程——莱茵小镇风貌区(今英迪格酒店)已经完成。德式风情区新的工程正在筹划中。

《天津德租界》一书追述了天津德租界的来龙去脉及这块土地百年来的发展轨迹，本书分为追根探源、地名故事、工商史话、兴学宝地、杏林回眸、文化长廊、名楼轶事、人物春秋8个栏目，近40篇文章。该书有资料性、故事性、图文并茂，有"存史、资政、团结、育人"作用，希望能得到读者的喜爱！

追根探源

德租界的强占

天津的德租界,是在德帝国主义积极策划对华侵略的这种政治背景下强占的。早在清咸丰十年(1860)天津开埠以前,已有德国商人来天津做生意,当时多分散居住在城里及东门外一

天津德租界的旗帜与徽章

带。直至天津被辟为通商口岸及英、美、法三国在紫竹林一带设立租界之后,德国侨民陆续迁入租界居住。当时的美租界在划定后一直没有建立行政机构,长期处于无人管理状态,德国侨民便大批涌入美租界,至于德国人开办的洋行,则多设于英租界。光绪六年(1880),美国政府对清政府表示"亲善",曾声明愿将美租界"退还"中国。清政府为取悦于德国,有意把美租界委托德国代管,驻津美国领事闻讯后曾向清政府提出抗议,此事后来就没成。

1894—1895年中日甲午战争给正处于外交转型中的德国提出了挑战也带来了机遇,德国一改过去只关注经济利益而

避免卷入政治纷争的传统立场,开始介入远东的权力角逐。战争初期,德国表面采取超脱的中立姿态,多次拒绝清政府与英、法、俄等国的调停提议,实质是鼓励或偏袒日本的战争行为。在战争后期、中日谈判及"三国干涉还辽"期间,德国大幅度调整政策,积极推动并参与"三国干涉还辽"。德国成为与俄、法一起三国干涉还辽的积极推动者与重要参与者。

1895 年(清光绪二十一年)6 月,德国驻华公使绅柯向清廷总理衙门提出照会,借口德国在中日甲午战争中"迫日还辽(东半岛)"有"功",向清政府索取租界,要求享受与英、法等国同等特殊待遇。清政府饬令天津海关道同驻津德国领事商谈划定租界事宜。同年 10 月 30 日,天津海关道盛宣怀、天津道李岷琛与德国领事司艮德签订《天津条约港租界协定》(《德国租界地合同》),于 1896 年 1 月(光绪二十一年十二月)允许德国在天津永久设立德租界,占地 1034 亩。

德租界开始时的范围是在现河西区区境东北部。东临海河,北接美租界开滦胡同(现开封道东段),南从小刘庄之北庄外起,顺小路(今琼州道)至海大道(今大沽南路)。现在的琼州道不属于德租界,而属乡区五所管辖,西至海大道(今大沽南路),占地面积 1034 亩。这块地方是称为下园的一部分。包括梁家园、小靳庄、小王庄、小田庄等。当时德方向清政府提出一个要求,把墙子河内的三个村庄——梁家园、小靳庄、小王庄迁到墙子河以南,清政府答应了这个要求。

梁家园在大营门外,至今南京路与台儿庄路交口,保留有梁家园闸。1886 年(清光绪十二年)四月,周馥与英籍德人、天津海关税务司德璀琳禀请李鸿章批准在梁家园建立博文书院(英文称:Tenney College)。建造了一座德国日耳曼式风格的楼房作为教学楼。博文书院是天津第一所培养外语人才的学校。1888年(清光绪十四年)三月,周馥调任直隶按察使后,因为办学方向意见不一致、经费筹措困难等一系列问题长期得不到解决,最后把校舍抵押给了德华银行。1895年10月2日(清光绪二十一年八月十四日)光绪皇帝御批照准,盛宣怀在博文书院旧址创建中国第一所新型大学——国立北洋大学堂。转年1月天津德租界设立,此时国立北洋大学堂已经成立3个月,在《德国租界地合同》中写道:"博文书院及博文书院所有之地,现中国改为大学堂,德国不移动此地,亦不抽收捐税等项。惟日后德国修筑码头及码头外之道路,地不敷用,中国允将博文书院院墙略为移向内移动,以敷所用。所让之地亦无庸德国给钱。唯此河边不准盖造栈房、棚厂,遮掩学堂之前面。"

德租界内还有官栈,在《德国租界地合同》中写道:"围墙内之官栈,德国现在不要,亦不抽收捐税各等项。官栈与码头生意,德国亦不拦阻。唯日后德国工部局所出章程亦须一律遵守。此处码头,中国大小粮船运米入栈、出栈不给码头捐费。"

德租界内还有义园、浙闽粤义地,当地人称为洋蛮子坟地,古冢垒垒,人迹罕至。在《德国租界地合同》中写道:"官栈旁有一义园寄存灵柩之所,德国应允永不要让,不必移动,并永不抽收捐税各等项。每逢节令祭扫之事,德国亦不禁阻。惟德国工部局所出章程亦须遵守。""浙江闽粤有坟墓义地,德国不要,亦不移动,不收取捐税各项,亦不强伊售卖,祭扫之事亦不禁阻。惟会馆应允义地东边修墙一段,须令开一大门,准其出入。"

德租界开辟三年后,1898年(光绪二十四年九月初六),直隶总督裕禄在《请拨款办理津德租界片》中指出,"近年来天津商务日盛，各国洋人买地不惜重资，德国所租之地与英租界相近，房地价值自应比照增给，方昭公允。乃德国领事以彼有协同收回辽地之功，中国谊应酬谢，每亩只肯出银七十五两，该处居民不肯，不得已议由地方官筹款分别贴补，以弭衅端。将德租界内之地作六等价值，每亩自二百四十两以次递减至四十两为止。房屋亦分八等，每间自八十两至二十两为止。每户给搬迁费十两。又界内有闽粤义冢一区，合同载明存留，德人欲租用，民情更为不服，复经多方开导，另加地价迁葬之费，始肯允从。1897年五月间，已将减（碱）河之地交割二百五十余亩，贴补银一万六千余两，房屋一千七百数十间，贴补银一万三千七百余两，又迁葬费四千二百余两，闽粤义冢贴费银二千两，连梁家园树房地基局用薪水等项，共垫给银四万六千八百余两。现在减（碱）河以南之地亦经开办，得地七百余亩，界内坟冢数千亦勒令迁让，绅民不允，始终坚持，惟有徐行劝谕，迁葬津贴，以了此案。总计前后贴补一切用款约银十二万两。裕禄请由部拨银十二万两，作为办理德国租界之用。"从此看出德租界的开辟，给国家、给人民带来了沉重的负担，带来了多么大的灾难。

德租界的管理部门为德国工部局、德国领事馆，还设有德国兵营，均在德租界修的第一条道路威廉街（今解放南路）上。

德租界的扩张

1900 年八国联军侵华后，联军司令官瓦德西在天津停留期间，将其军司令部设于德租界梁家园北洋大学堂校舍内（今海河中学及解放南园址），并在德租界及其附近三义庄、桃园村一带露营、放马和存储军械粮秣，其所占之区域，皆纳入了德军的统辖之下。1902 年（清光绪二十八年），直隶总督袁世凯派天津海关道唐绍仪接受联军都统衙门时，德租界当局竟将德军所占据的土地划为新界。

光绪二十七年六月初五（1901 年 7 月 20 日），清政府钦差北洋大臣李鸿章委派天津河间道张莲芬、直隶候补道钱金荣，同德国驻京钦差大臣穆默委派驻津领事官秦莫漫签订《德国推广租界合同》，合同道："大德国已于天津旧租界外续添新租界一段，中国国家照准。"按照合同德租界大举向西与南方向扩界，正式把三义庄、桃园村这一带地区划入德租界范围。沿今琼州道与大沽南路交口处向南至今围堤道再向西北到李家花园（今人民公园），沿桃园村大街至马场道（马场道北侧属英租界范围），折回东到南京路与大沽路交口处。扩张后的德租界地界：东临海河，北与英租界接壤，南至今琼州道，仅海大道

(今大沽南路)从下瓦房向南延伸至今围堤道附近再向北折回琼州道;西界沿今广东路向西至马场道。德租界越过海大道,向西南方向扩张了3200亩。连同旧界,德租界的总面积为4200亩。面积之广在天津的九国租界中居第三位,仅次于英、俄租界。

《德国推广租界合同》共八条,其中第四条规定:"新租界内有中国国家俄文学堂一所,留归中国自用。但中国允准该堂须遵守新租界内章程。如中国国家欲将该堂售卖,须先问德国政府。"俄文学堂即天津俄文馆,是中国最早的官办俄文专科学校,1896年7月由我国近代著名教育家、北洋水师学堂总办严复创办,初设北洋水师学堂,1898年迁移梁园门外(今河西区大营门一带)。其中第六条规定:"德国购用地亩时,如有青苗菜蔬在地,须酌量贴补钱。"其中第七条规定:"英法旧界边有中国自修大路一条,名曰海大道,以便海下民人往来行走大车之用。德国界边之海大道亦与英法界边一律。届时约同英、法、德、日本四国一同商议办理。"海大道是天津最早最长的一条由马家口通往大沽口的官道,与日、法、英、德四国租界有关。

天津德租界设立时间较晚,而同期的英法租界已经十分成熟和规范,许多德国企业、银行、商号纷纷落户到英法租界内营业。德租界管理当局在旧界内以英租界(今五大道地区)为蓝本,充分发挥了德国人在城镇建设规划方面的天赋,把1895年划定的租界逐渐发展成了外国人聚居的高级住宅区,今河西区下瓦房一带的绍兴道、宁波道、奉化道、温州道、琼州道、闽侯路、福建路、台北路、台湾路等街区内,修建了大量的德式别墅,有装饰性木架构、孟莎式屋顶、大山墙、蘑菇石装饰等。

1895年德租界划定后，德租界当局对租界内的道路修筑不愿意多投资，除了一条主要街道——威廉街(今解放南路)外，大部地区仍然保持旧貌。尤其是1902年扩张的新界，道路建筑依然没太大的变化。

1900年后，其他各租界竞相筑路，对德租界当局有一定的影响，修路问题也逐步得到重视，并进行了规划。以威廉街为中心，先后修建了海滨街(今台儿庄路)、穆姆街(今徐州道)、罗尔沙伊特街(今蚌埠道)、俱乐部街(今江苏路)、纪念碑街(今海河西路至大沽路间的浦口道)等30多条道路，但大多是土道和碎石路。直到1923年，威尔逊路(即威廉街，今解放南路)才铺上沥青。随后，其他各条道路也逐步改造成沥青路。德租界在进行道路建设的同时，加快了公用建筑和民用建筑的建设，重点是威廉街(今解放南路)与沿河码头。在威廉街两侧，陆续出现了具有日耳曼民族风格的建筑。领事馆、工部局、武官府、德华学校(今海河中学址)、俱乐部(今市政协礼堂)、起士林面包房等以及德国官员、商人的住宅。德国人很重视绿化，所有的马路两旁都栽有中国槐树，并派专人常年整修。德租界排水系统是雨水、污水分流制，雨水多采用明渠排入海河，污水采用混凝土管材的地下水道排入墙子河。

德国在租界内设有德国营盘，该营盘和德国工部局都在威廉街上(现在的解放南路)，这是德租界的心脏，管理租界内的一切事物。德国在租界内设有巡捕房两处，一处设在徐州道工部局内，另一处设在德国兵营南半部(曾为河西分局与区环卫局处)。德国在租界内还设有司令部后改为领事馆(现解放路浦口道东北角处)、德国球房(现市政协俱乐部)、电灯房(现

9

前世今生德租界

蚌埠道西口路北)。

在解放路、浦口道十字路口原址处还建成了一个小广场，中央矗立着一座高约十米的头戴钢盔、手持宝剑和盾牌的将军铜像，此人名叫卢兰德，曾因征讨法国有功被德皇封为边疆伯爵，后来在与西班牙作战时被打死。在铜像前还陈列着一门废弃的大炮。在德租界内矗立卢兰德像与放置大炮，寓意为对中国的征服。1918年第一次世界大战德国战败消息传来以后，天津的英、法、美各国商团用大绳将铜像拉倒。

卢兰德铜像

德租界扩界后，还包括几个小村庄：安辛庄、三义庄、大土地庙村、下瓦房、东楼村、西楼村等。现在广东路医科大学东院原处，还设有一个美国驻军营盘，营盘北部是美军司令部(后改韶山医院)。美国营盘西侧还有美军家属住的房子，俗称美国大院，即荣华里。美国大院和家属大院西邻是陶园游艺场(今新华中学址)。在小刘庄浮桥北面，德国人开设了一个硝皮厂，该厂从华北、山西、内蒙古一带购来生牛皮，在这里加工制革后，再向全国各地推销，部分留作德国军队用。

在硝皮厂后有一块空地，南至琼州道，西至解放路，北临温州道，东至台儿庄路，这是德国人作为跑马场用的，当时人们俗称德国马圈。1917年天津闹大水，淹没了很多村庄。由世界红十字拨款、美国监工，在这里用苇把子盖起临时窝铺840余间。收容津郊灾民840余户，收容期限为六个月。在收容期内，美国教会把所有灾民子女进行登记，令其到耶稣教办的临时学堂去上学。在学堂里学唱什么《耶稣爱吾》等歌，并让学生学习《福音》等内容的书。学堂就设在窝铺北头，即现在的东光大楼及人民印刷厂西半部。赈灾窝铺的西面就是德美医院，该医院设备比较完善，在这里住院的病人绝大部分是外国人，或者是中国的官僚，一般人是住不起的。

德租界的收回

1914 年 7 月第一次世界大战爆发，德国先后向俄、法、比等国宣战，英国也宣布对德国进入战争状态。1917 年 3 月 14 日，中国与德国绝交，参与第一次世界大战。同日，北京政府布告：自即日起对德国正式断绝外交关系，同时宣布收回天津、汉口德租界，停付对德赔款与欠款。这一决定是经参众两院投票做出的。国会中的研究系追随段祺瑞，主张绝对"加入"。3 月 7 日，梁启超给段祺瑞的信中说，对德国"早绝一日，则德人及国内捣乱分子即少一部分活动余地"。商榷系各派虽多持反对参战态度，但各派反对段内阁对德方针的程度又有所不同。丙辰俱乐部和韬园系不仅反对向德国宣战，而且反对对德绝交，益友社和政学会则主张对德问题可做到绝交为止。益友社和政学会投了赞成票。3 月 10 日、11 日，众参两院分别通过对德绝交案。湖北督军王占元 3 月 15 日收到北京的训令，立即派军警进入德租界，接管租界的警察权。

3 月 16 日，奉北洋政府的训令，直隶省长朱家宝派天津警察厅长杨以德和天津交涉员黄荣良率军警 300 人前往接收天津德租界。他们先到德国领事馆与德国驻津领事交涉了接收事宜,随即同赴德租界工部局及巡捕房,将其接收。在德国军营,中国军警宣布解除德军武装,点验和封存了所有的武器弹药。厅长杨以德"指令德国领事署、德工部局及德国营盘一律改挂中国国旗",又令"德租界华捕带同巡警,凡有华捕站岗之处加添警察一人,荷抢站岗"。这一切的进行"秩序极为安静,各国商民前往观看甚多"。原租界内的各项事务,由北洋政府派出的丁振芝、毛树棠两人管理。至此,天津德租界也已为中国政府接管。

3月28日,北洋政府内务部公布了《管理津汉德国租界暂行章程》,决定原天津、汉口德租界更名为特别区,设特别区临时管理局,分别以杨以德、周际芸为局长。局长在省长的指挥下,管理区内警察及其他一切行政事宜。章程的颁布标志着中国政府正式开始了对津、汉德租界的管治。8月4日,北洋政府正式向德、奥两国宣战,此后北洋政府将特别区临时管理局改为正式的特别区管理局,分交直隶省和湖北省管辖。8月17日,原天津德租界改称天津特别第一区,简称特一区。这是天津第一个行政建制区。

1917年8月14日中国又宣布对德国及奥匈帝国作战,并于9月1日,与协约国达成协议,收回德、奥两国在天津、汉口的租界,取消两国的治外法权与庚子赔款。

1918年11月战争结束后,于1919年,在巴黎郊外凡尔赛宫召开和会,6月28日签订《凡尔赛和约》,其中第一百三十二条确认了中国收回德租界的正当权益。

1917年8月特别一区建立后,设区公署,原德租界工部局所辖事权均交由特一区公署接管,由卢篆出任特一区公署主任。后卢篆调特三区,继任主任为黄一欧。特别区公署内设有

天津特别市特别第一区公署

秘书处，有华人、洋人秘书数人，管理机要、外交。署内还设有总务科、捐务科，另设有稽查长、消防队长及捐务巡查等人。1918年特一区公署的税捐收入为133295元，支出为133769元。

第二任特一区公署主任黄一欧为著名民主革命家黄兴的长子。1907年，他经孙中山、章太炎介绍在东京加入中国同盟会，成为同盟会中最年轻的会员。他参加了黄花岗起义，在战斗中死里逃生，成为少数幸存者之一。武昌起义期间，他奉父命回国，参加了光复上海之役，往来于镇江、杭州之间，联络同志，组建江浙联军，并任沪军先锋队副司令。为策应武汉、牵制清军，他率沪军会同浙、苏、吴各地民军攻打南京，战斗中，身先士卒，奋勇杀敌，受到众人称赞。1913年，遵从父亲要他"好好读点书"的叮嘱，赴美留学，入纽约哥伦比亚大学攻读外交经济。1915年他奉命自美赴日，与程潜等设法帮助蔡锷脱险，使蔡锷躲过袁世凯爪牙的追踪，由天津至日本、经香港、安南，安全到达云南，顺利举行了反袁起义。1916年黄兴逝世后，黄一欧继承父亲遗志，继续从事革命斗争。1917年参加了援鄂军讨伐北洋军的战斗，任湘省铁路警备司令。后到天津出任了天津第一个行政建制区特一区公署主任。

德租界虽在名义上正式收回，但原租界区的德国色彩仍相当浓厚。德国属战败国，但北洋军阀政府对德国人财产并未严格按照处理敌国财产之手段办理，遣侨工作也不认真，各德商洋行形式上关闭，暗中仍保持实力。1921年中德外交恢复，战后一度由荷兰驻华公使馆代理之德国领事馆立即恢复原状，并于1922年宣布天津领事馆升格，派贝斯为第一任总领事，从而德国在津之经济实力较前反而加强，特别是希特勒上台以后，对华的经济侵略更是有增无减。第一任总领事贝斯及其继任斯威廉都是久居中国、老谋深算的外交官，能说流利的华语，搞阴谋活动技高一筹。第三任总领事魏德曼系纳粹分子，曾任希特勒的副官。1945年第二次世界大战结束后，魏德曼曾作为战犯被押送纽伦堡法庭。至此，德帝国主义对天津的侵略活动才告结束。

1937年7月底日本侵略者占领天津，1938年日伪当局将现河西区内除特一区外的其他地区设第六区。从1917年建立特一区一直到1943年改称第十区，特一区存在了26年。1944年，日伪政权将第十区并入第六区。1949年1月15日天津解放，成立了第六区人民政府，7月改称第六区公所。10月区公所复称第六区人民政府；1955年称第六区人民委员会。1956年1月，第一区至第八区分别更名为和平区、城厢区、河北区、河东区、新华区、河西区、南开区、红桥区。第六区因位于天津市区东南部的海河西岸而更名河西区。

地名故事

"洋三不管"小白楼

　　说起昔日天津小白楼,大体是东西以海河与墙子河(今南京路)为界,南至现在的徐州道,北迄现在的曲阜道,总面积约131亩。其包括在1860年第二次鸦片战争后被辟为美租界的一部分(1902年并入英租界),还包括1895年德国强占的德租界的一部分(北至开封道,南到徐州道,东至海河,西到墙子河,即今南京路)。包括了现在和平区小白楼街与河西区大营门街的各一部分。因为小白楼原美租界归为英租界后,英租界当局疏于管理,形成了美国人、英国人、中国人都不管的"洋三不管",与南市的"三不管"相对应。

　　关于小白楼名称的由来,主要有两种说法:一说在1860年英租界开辟不久,有几个在第二次鸦片战争后留津未回国的英国单身士兵,在英租界南部(今大沽路、徐州道口的西北角),莎卫饭店西侧,盖起了一所二层楼酒吧间,这个小楼外墙全为白色,取名"英军戒酒楼",也称"规矩堂"(译音),俗称小白楼,作为他们的娱乐场所,因当时除中街(今解放路)和海大道(今大沽路)外没有正式道路,当地居民便以这一独特白色小楼为标记,约定俗成地称这一地区为小白楼。另一说:小白

楼是指清朝洋务派官僚、曾任天津轮船招商局会办、代总办的徐润（1838—1911，字润立，号雨之，广东省香山县人）家的

英军戒酒楼 俗称小白楼

祠堂（家庙），这个建筑建于1890年前后，地点在今大沽路、开封道口西北角，为中国楼台式的白色两层楼房，门前又有一对汉白玉的石狮，故名为"小白楼"，后该楼年久失修，房主更换，痕迹全无，但小白楼的称呼流传至今。另外还有两种说法，一是说在开封道近海河处西侧，有一白色教堂，俗称小白楼教堂，后衍化为地域名。一是十月革命后，一些白俄妓女来津，在此开妓院，因楼房门墙涂成白色，故称小白楼。总之，四种说法涉及的小白楼，均难确考，但告知我们小白楼地区的中心在今大沽路与开封道、徐州道之间，这个地名闻名遐迩。

　　1902年英商先农房产公司在小白楼一带建房开发，首先在开封道西段南侧建造了全长近600米的先农里，然后在徐州道、大沽路、开封道等处建造大批楼房。小白楼东傍海河航运码头，又比邻金融、贸易中心的英租界中街（今解放北路），因而形成以外国人及官僚、买办、下野政客军阀为服务对象的销金窟。这里饭店、酒吧、舞厅林立，更有理发、美容、西服裁剪等行业，还有专门经营进口化妆品、服装、鞋帽及洋酒、罐头、西点、糖果的商店，均以其高档、时髦而著称。天津开埠后，外

国军队以保护侨民利益为由纷纷开来，为外国大兵服务的商店、酒吧、舞厅、妓院等应运而生。每至夜晚，这里成了灯红酒绿、纸醉金迷的世界。

20世纪20年代末至30年代中期，是小白楼地区繁华的鼎盛时期。小白楼地区最早的繁华街道为海大道（今大沽路）的朱家胡同一带。这里华人经营的小型店铺比较多，其顾客几乎是华洋各半，因此买卖人多少会一些英语。小白楼地区的繁华，从一开始就带有欧化的倾向。1917年俄国十月革命后，大批白俄人，其中不少是俄国犹太人，来到小白楼聚居，集中居住在今开封道、徐州道一带，俄国侨民开设了大大小小的俄国饭店、酒吧间、食品店、服装店、美容店等，建有俄国东正教会、俄国学校、犹太教堂、犹太俱乐部等，这里被称为"俄国城"。

小白楼一带有许多西餐厅，最大的要数俄国犹太人普列西经营的"义顺和"大餐厅（今起士林餐厅址），20世纪40年代初又在原址建起了四层高楼，改名维格多利大餐厅，与其相媲美的是坐落在今解放南路的起士林餐厅（今起士林食品店）。小白楼有专售洋酒、罐头、日用杂品的商店，有裕恩永、祥泰义、福兴太等。小白楼有几家有名的绸缎店，如华竹分店、元隆分店、益昌祥等。这里叫卖行也非常多，由徐州道至镇江道的海大道东西两侧，比比皆是，最大的拍卖行要数"魁昌"。小白楼的服务行业，大型的有电影院，最老的是平安电影院（今音乐厅），建于清宣统元年（1909），是天津最早的影院之一。其次是1916年建的光陆电影院（北京影院）和1929年建的蛱蝶电影院（后改称大光明影院）。这三座影院是天津早年最豪华的电影院。最早的澡堂名叫振华园，位于今开封道西。最高级的浴池要数大沽路上的"天香池"了，三楼设雅座单间。

小白楼不仅是仅次于劝业场的第二商业中心，还是天津早年机器制造业的发源地。清光绪十年(1884)创建的德泰机器厂是天津第一家民间资本创建的铁工厂，也是河西第一家机器铁工厂，地点就在小白楼，其创办人是广东三水商人罗三佑。与德泰机器厂毗邻的还有清光绪十二年(1886)设立的万顺铁厂。还有20世纪初设立的炽昌铁工厂等。为什么在毗邻英美租界的海大道设立了不少铁工厂，这与当时天津租界市政建设发展、海河航运发展的客观需求有关，也可以说是相适应的。因此小白楼成为天津早期民族资本机器制造业的发源地。

小白楼地区虽占地不大，但曾居住过不少历史名人。有民国大总统袁世凯(南京路)、黎元洪(解放南路)，国务总理潘复(马场道)，财政总长王郅隆(浦口道)、张孤(泰安道)，江苏督军、"辫帅"张勋(浦口道)，河南护军使雷震春(江苏路)，天津海关道蔡绍基(曲阜道)，买办杜克臣(南京路)等。据说曹禺的家最初也在小白楼。其父万德尊，字宗石，原籍湖北潜江人。他以清国留学生的身份留学日本，毕业于日本陆军士官学校，与阎锡山、黄国梁是同学。1909年回国后，到了天津，被直隶总督端方所器重，任命为直隶卫队的标统，按现在的军职来说，相当于一个团长。他的公馆就在小白楼的一个胡同里，是一座普通的老式平房院落，出胡同不远就是海河，不时传来小火轮的汽笛声。1910年9月24日曹禺就诞生在这里。

天津的小白楼，从日本侵华战争后逐渐衰落，到1941年太平洋战争爆发，日本侵略者进占英租界，更为衰微。抗日战争结束后，各国租界收回，繁荣有所恢复。中华人民共和国成立后才真正回到人民手中，成为天津最繁华地区之一。

桃园结义三义庄

远望三国刘关张三杰桃园三结义，近看河西梁靳王三村墙南三义庄。

三义庄是天津河西区的一个区片地名，泛指苏州道、江西路和厦门路交会处一带。具体来说，东起大沽路，西至南昌路，北起绍兴道，南至浦口道。在这个方块内干道横竖成棋盘状，胡同走向也很笔直。虽然叫三义庄但一点村庄的痕迹都没有。这是为什么？这还得从三义庄的来历说起。说起三义庄来历，又不得不先说一说梁家园与大营门。

先有梁家园，后有大营门。梁家园原是个小村庄，约形成于明天启年间之后，位于现河西区东北部，大营门街道办事处界内。其范围与现在大营门范围大致相同，泛指今解放南路与南京路交会处一带，面积约 0.19 平方公里。

第二次鸦片战争期间(1858—1860)，清政府派统兵大臣、亲王僧格林沁来天津加强海口防御。1859 年（咸丰九年）僧上奏："……待集兵船，乘我不备，突然内犯，大不可不严加防范！"在以后的奏折中说："天津为紧要重地，亟应设法严防。揆之地势，亦应附城一带挑挖重濠，筑立土城，将四门关厢，圈入重濠,设有警动,守濠即守城,较为得力。"1860年(咸丰十年)春,开工挑挖壕沟,以挑挖的土来筑墙子,然后设门。据1870年(清同治九年)《续天津县志》记载:"筑建濠墙,距城里余至五六里不等,营门凡十一。东沈家庄,东北锦衣卫桥、窑洼,北玉皇庙;西北佟家楼、校军场,西善庆庵、三官庙,南海光寺,东南,梁家园、行宫。围长共三十六里,濠如之。"

1881年(光绪七年)七月,直隶总督李鸿章饬盐运使如山等重修各门,均如山题署。共十四门。因当时修濠墙为了军用,故称濠墙之门为营门。大营门原本是十四濠墙营门之一——凝晖门,在津城东南梁家园,亦称梁园营门,俗称大营门。称大者,一是为区分西边的小营门;二是因梁园营门为通向海大道(今大沽路)的出入口,故把海大道上这座营门称"大营门"。

光绪二十一年九月十三日(1895年10月30日),德国驻津领事司艮德与天津河间道任之骅、天津海关道盛宣怀及天津道李岷琛签订了《德国租界设立合同》,允许德国在天津海河西岸开始设立租界。同时德方还提出一个要求,把墙子河内的三个村庄——梁家园、小靳庄、小王庄迁到墙子河以南。清政府答应了这个要求,强迫三村居民迁徙到墙子河以南。三村民众经过反复磋商,议决三村合一,并以三国刘、关、张三杰桃园三结义的方式,取名"三义庄",表达三村农民万众一心重建家园的决心,还推举萧鸣等五人为代表,负责安置事务。为了进一步表示三村合一,义气长存,还在村外修建了一座"三义庙",永志纪念。20世纪初,三义庄、下瓦房、谦德庄一带前来定居的回民人数逐年增多,穆斯林群众募集资金在徽州道恒安里修建了清真寺,定名"三义庄清真寺"。

光绪二十六年(1900)夏,八国联军入侵天津,光绪二十八年(1902),直隶总督袁世凯派天津海关道唐绍仪接收都统衙门,时德军在三义庄、桃园村一带露营放马和储存军械粮秣之地也已被强行辟为德租界新区。1917年(民国6年)3月14日,北洋政府宣布与德绝交。16日收回德租界,改为特别行政区(后称"特一区")。三义庄划归特一区。

1917年在三义庄地区建造了美国兵营(今天津医大东院)及军官宿舍,长期驻扎军队。20世纪20年代末,日本驻津总领事馆无视我国主权,在三义庄设天津警察第三分署,日、韩浪人在此贩卖毒品,一时烟馆、赌局、暗娼猖獗。

三义庄有深厚的文化底蕴,有爱国团结的历史文化传统,有重视文化教育的地区特色,是一个中西文化交融,但以中国传统文化为核心的地区。是一个既不同于小白楼,又不同于谦德庄的有特有文化特征的地区。

自20世纪30年代其已是成片格致的青砖平房和整齐的里巷。有许多小院独门独户,苏州道、南昌路、江西路等较宽的道路都非常繁荣。形成河西地区最宜居的区片。塘子街(今浦口道)上饭馆、书场、澡堂(振华园)、鱼市、照相馆等商铺林立,玉川居、玉庆永、德义恒三大酱园负有盛名。当地居民以经营商铺、杠房、油漆粉刷铺、花轿铺为生。界内"长富"和"德力"两大杠房包办红白喜事,生意兴隆,闻名全市。尤其是附近还有国家许可的小型屠宰厂和外贸的加工点。出口的铁雀和做装饰用的羽毛都在此加工和收购。

尹树鹏先生考证了这片区域有三个特点:一是街面整洁:表现为交通方便,市政设施完善,繁荣而不混乱。特别适合小康人家居住。二是居民职业档次较高,有洋行的司机和职员、中小学教员、医生、银行职员、个体裁缝、军警人员,还有面点

特一区三义庄三益香(天津中国摄影公司)

师等。三是学校密度和设施非常标准。王绍圃先生发捐组建的三义庄小学吸纳了三义庄地区李姓等绅士资助,有学生二百余人。后任三义庄小学校长的万林先生是一位教育家。樱南小学、三义庄汇文小学,师资和设施水平都很高。现上海道小学是从三义庄走出的历史名校,前身为天然小学,原校址在南昌路8号,1950年为六区第一小学,迁至上海道理门公所三义庙内。三义庄文化设施有建于1930年前后的中央影戏院(前身中央电影院)、皇后影院(前身皇后大戏院),走出了名角"八岁红"红燕侠。1945年建在塘子街建德力茶楼,评书艺人轮流献技。坐落在三义庄南昌路、芜湖道交口处的三吾照相馆,是三义庄的红色印迹,是中共地下党的秘密活动点。

三义庄在中华人民共和国成立后陆续整修街巷55条,实现了上下水道管网化、路面柏油化,居民住房多为红砖平房,还兴建了街心公园、花墙、凉亭,使市容面貌大大改观,成为整洁文明的居民区。

1976年唐山地震波及三义庄,三分之一的房屋倒塌。1977年开始重建,幢幢新楼,拔地而起。1981年,河西区人民政府对大沽南路两侧进行规划改建,当年开工,当年竣工。沿着马路两侧建成了银灰色刷石罩面的5至7层住宅楼。

1992年区政府通过招商引资合作开发的方式，投资5.5亿元，建成30层至35层的高层住宅楼群。1997年建成三义大厦，成为河西区又一商业住宅社区。

时过境迁,三义庄早已不存,代之以的是笔直宽阔的马路和路两侧的高楼大厦,但三义庄仍在地名中广泛使用。

德式风情威廉路

威廉路也称德国中街，为今解放南路（开封道至琼州道段，其中开封道至徐州道属于和平区管界

20世纪初威廉街（今解放南路）景观

，徐州道至琼州道属于河西区管界）。这是一条充溢着浓郁德式风情的老街。早年幢幢小洋楼与高大的德国洋槐相互辉映，形成了一道靓丽风景线。该街形成于1895年，以德国皇帝威廉二世命名，又称第一号路，是早年德租界兴建最早、最重要的街道。

20世纪初，德租界的建设步伐加快，威廉街是其建设重点，在街道两侧，陆续出现了具有日耳曼民族风格的建筑。领事馆、工部局、武官府、德华学校（今海河中学址）、德国俱乐部、大华电影院、德华医院、起士林面包房等以及德国官员、商人的住宅均集中在这条大街上。上面这张照片反映的是20世

纪初威廉街的景观，可以看出那时路面还是沙土路。该路用大石头子铺垫，汽碾轧实，上面再用小碎石子铺一层，汽碾再轧实而成。威廉街于1917年德租界收回后，改为特一区威尔逊路，1923年铺成沥青路。

在威廉街中心，(今解放南路与浦口道的十字路口）建有一个小广场，中央矗立着一座高约十米的头戴钢盔、手持宝剑和盾牌的将军铜像，此人名叫卢兰德，曾因征讨法国有功被德皇封为边疆伯爵，后来在与西班牙作战时被打死。在铜像四周筑有石柱，还陈列着一门废弃的大炮。1918年11月11日欧洲战争结束，中国作为协约国成员，属于胜利者一方，举国上下一片欢腾，天津市民涌上街头庆祝胜利，有些人奔向旧德租界，其中还有英、法、美等国的侨民，在一片欢呼声中，天津的英、法、美各国商团用大绳将威廉街上的卢兰德铜像拽倒。

威廉路与徐州道交口（原北京电影院对过起士林食品厂门市部址），是天津最早的西餐馆——起士林，店名是其创办人名字的译音。据说起士林原系德皇威廉二世的宫廷厨师，擅长制作糕点、糖果，1900年作为德国厨师随八国联军来天津。德军撤走后，他和妻子留在天津，曾充袁世凯的长子袁克定的西餐厨师。1908年起士林又吸收其妻弟巴德入股，店名亦改为起士林——巴德，不过人们还习惯地称起士林。起士林服务态度好，对中国人也非常客气，并且店员会说流利的中国话，慕名而来的食客愈来愈多，加之津浦铁路开通，又承包了该路餐车的面包点心，起士林越办越红火。

威廉街(今解放南路251号)上有一座豪华的老影院——大华影院(北京影院，今市政协委员活动中心)，建于1916年。影院占地面积1334平方米，建筑面积2553平方米，楼房呈长方形,三层砖木结构楼房,南部顶端矗立着一座高达 7 米的钢梁锥形瓦楞塔顶,从远处望去,格外引人注目,为一座典型的俄罗斯式风格建筑。1931 年改名为光陆影院,1940 年又改名光华影院。在影院二楼北侧建有"圣安娜舞厅"。早年张学良和赵四小姐曾到此观影和跳舞。

该街与蚌埠道交口处的德国俱乐部(现为市政协俱乐部)是一座颇具代表性的典型的德式传统建筑。该俱乐部建于1907 年,三层砖木结构,占地面积 330 平方米,建筑面积 3922平方米,木屋架、尖顶、牛舌瓦和瓦陇铁顶面,有阁楼和老虎窗。一层窗台及门窗券皆用石料砌筑,门窗多是半圆形拱券,楼梯有立柱、护栏,立柱饰精美雕刻,栏杆由华美小立柱支撑的两跨小拱券连接,中间夹有雕刻云纹的实心小栏板,两侧立柱雕刻绞绳纹,上端各置一座手执矛、盾的雕像。大厅和过道都以半圆券和椭圆形券承重,内设台球厅、酒吧、礼堂、舞厅、餐厅等,室外有网球场。当年德租界的社交活动,均集中在此。

在德国俱乐部南边路口(浦口道口)是德国领事馆(曾为天津武警总队址)。建于 1911 年,高二层,有坡度很陡的红色屋顶,具有典型的日耳曼风格。1976 年地震震损坍塌,拆除后重建为 7 层办公楼。在领事馆附近是德租界工部局。而武官厅设在领事馆迤南。

该路与浦口道交口(今泰达大厦址)是北洋政府大总统的黎元洪寓所——容安别墅,这是一座花园别墅式洋房,院内花园建有喷水池、方亭、石雕仙子、花窖等。园内还饲养着孔雀等观赏动物。当年黎元洪经常在这座花园别墅里接待中外知名人士。

该路于墙子河路(今南京路)相交是博文书院遗址(今海

河中学址),1895年在此建中国第一所新型大学——北洋大学堂(今天津大学),此地为我国高等教育的发祥地。1900年八国联军侵占天津,北洋大学堂被迫停办,此地成为德军司令部。1907年,在此建天津德华普通中学堂,1919年改组为大营门中学。1924年建直隶省立第一女子中学,中华人民共和国成立后改为天津市立第一女子中学。

在德华中学旁,是德国花园(今解放南园)和德国营盘(公安河西分局址,今划归海河中学)。该路和奉化道交口东南侧(今解放南路325-327号)为1938年日商开办的"协和印刷厂"(今天津人民印刷厂)。厂内有一所砖木结构的二层德式楼房,现为天津环球磁卡股份有限公司办公楼。据查,1931年与1935年川岛芳子先后两次在此处居住。

该路和奉化道交口西南侧(今解放南路292号)为交通总长吴毓麟旧居,建成于1931年,总面积为3375.5平方米。原有砖木结构德式楼房3幢,计北楼2幢,南楼1幢。北楼前后两幢均为3层并相互连通。南楼较小,为2层。大楼周围有10多间房屋。北楼与南楼之间为庭院花园,有一条长廊连接。据说日伪时期日本宪兵曾占用此房;抗战胜利后,蒋介石来津曾住过这幢小洋楼。

该路和琼州道交口是天津首屈一指的德美医院(今英迪格酒店),建于20世纪20年代初。由德国柏林医科大学教授海洛斯创办,并任院长。该院是一座由著名奥地利建筑师盖苓设计、颇具气魄的二层德式小洋楼。该院设备先进,都是专人从德国购进的一流标准产品。有先进的多功能化验室;X光室既可透视检查,又可拍片;手术室里有当时最新医疗设备如万能手术台、无影灯、全套各种手术器械等。天津"白求恩"傅莱

1939—1941 年曾在该医院工作。

原德租界威廉街(今解放南路)是如今重点保护与开发的德式风情区重点与亮点。昔日威廉街将一展风采成为津门新型游览观光的重点线路。

沿堤兴建海滨路

德租界码头与海滨路

海滨路是海河西岸沿河马路，最初只是海河西岸的堤埝，后来才就堤筑路。德租界海滨路，北起开封道，南至琼州道，1895年开辟德租界后修建，又称"第二号路"，为沙石路面。《天津德国租界设立合同》规定："河边道路宜修好，与英租界河边道路一样，嗣后如有损坏，仍须随时修建……河边道路，地方官不准盖买卖小房。将来德国领事馆函请修此道路，如逾一年尚未修妥，可由德国代修。其工料由中国工程局给还。"还规定"博文书院及博文书院所有之地，现中国改为大学堂，德国不移动此地，亦不抽收捐税等项。惟日后德国修筑码头及码头外之道路，地不敷用，中国允将博文书院院墙略为移向内移动，以敷所用。所让之地亦无庸德国给钱。唯此河边不准盖造栈房、棚厂，遮掩学堂之前面。"由于修路，北洋大学堂的院墙还真向里移了一块。1917年，北京政府收回德租界，更名为"海河路"，1923年后，改造成沥青路。1937年7月30日，天津为日寇占领，沦陷时期该路曾称"十区二号路"。1945年抗日战争胜利后，国民党政府为纪念台儿庄大捷，将此路更名为"台儿庄路"。原海滨路是现台儿庄路的一部分。台儿庄路除在"文革"期间一度更名"海河西路"外，一直称为台儿庄路。

德租界地处海河西岸，适宜泊岸。德租界码头（今开封道至琼州道段）长约1300米，水深1~5米。从开封道至徐州道为日清公司码头，为招商局五码头；由蚌埠道至墙子河闸口（梁家园闸）有渤海、政记、三北、民生、中联、大连等码头，称为招商局六码头。绍兴道与宁波道之间有亨宝码头。亨宝码头在20世纪初由德商亨宝轮船公司投资兴建，开设了轮船公司，并自备大型客货轮，开辟了从德国驶往东北亚，驶往天津及天津与大连、烟台、青岛间的航线。在天津的德国人先后开设了36家洋行，大多经营军火生意。晚清及北洋时期，在军事上模仿德国，武器也从德国进口。德国军火商与中国军阀关系十分密切。袁世凯、吴佩孚、阎锡山等都曾从亨宝码头购得大批军火。他们是一手交钱一手交货的。亨宝码头设有仓库、栈房。规模宏大，设备完善，可停靠大型客货轮。亨宝码头除了进口军火外，还进口机械、电器、五金、药品、化肥、照相器材等其他洋货。原台儿庄路与南京路交口附近的河岸边有一个铸有"北洋船坞制造"字样的缆桩，成为老码头的历史见证。

坐落在河西区台儿庄路41号的原海河工程局，现名中交天津航道局有限公司，是中国历史上最早的专业机械疏浚机构。它创建于 1897 年,迄今已跨越了三个世纪,经历了 117 年的风雨征程。百年海河工程局为天津做出了历史性的贡献,除完成海河航道本身的整治工程,大沽沙航道疏浚工程,还完成塞支强干、裁弯取直,疏浚破冰、修桥造地、转头地等多项工程。还负责海河岸线的管理工作。

在这条值得纪念的沿河道路上保留有多处历史名宅。最著名的当属台儿庄路 51 号,这是一座具有浓郁英国别墅风格的建筑,始建于 1902 年(清光绪二十八年),主人是英国人纽玛炽·波尔顿,当年他来华是帮助清廷创办中国最早的铁路公司——津沽铁路公司,并担任该公司的财务首脑。1907 年京奉铁路管理局设在天津,经过大规模改建,这里成为京奉铁路宾馆。孙中山、蒋介石、张学良、李宗仁、孔祥熙、詹天佑等风云人物、社会名流都曾在此居住、休憩。

台儿庄路与浦口道交口有一所住宅(今浦口道 6 号),1899 年,由德国建筑师考特·路勒·凯甘尔设计修建一座别墅(今出入境检查检疫局)。别墅占地 16585 平方米, 建筑面积 5632 平方米。有两幢砖木结构的小洋楼。最初为外国人居住,后转让于清王室,接着成为江苏督军、长江巡阅使张勋旧居。张勋复辟前,曾在此谋划;复辟失败后退隐,在此居住至去世。张勋死后,家属将其转卖给盐业银行。1949 年以后由天津商检局使用。1964 年,天津商检局在浦口道开门,原朝向海河大门废弃,遂成为今天的格局。

台儿庄路与徐州道口北侧,是爱新觉罗·载抡的德租界寓所。他是庆亲王奕劻的第五子。该住宅原为德国进出口商人上·浮士德旧居,建于 1904 年,由法国建筑师设计。1911 年载抡从浮士德手中将房子和地皮买下。1919 年载抡在天津定居,住此楼,楼房格局和家具均为德式,院中有网球场,四周栽种着高大的铁树、龙舌掌、橡皮树、蜡梅、白兰花等。

在特别一区海河路18号（今台儿庄路54号天津罐头厂厂部址）曾是天津市市长萧振瀛旧居。1935年萧振瀛在津期间,曾暂住此宅。该楼为二层别墅,楼前有小院,楼下为客厅和餐厅,楼上为居室。在二楼可以看到海河上来往的船只。此宅是萧以其夫人刘文瑛的名字购置的。1935年底买下此宅后,他就搬到了这里,到转年8月离津,前后住了半年多时间。此楼后来由萧氏族人代管,到20世纪50年代初售出。

1949年后,按照"一定要根治海河"的指示,加强对河岸的治理,分别在20世纪70年代、90年代,实施了大规模的护岸工程。而台儿庄路码头一直作为天津内河港口的一部分,成为天津港作业区。根据城市规划的需要,1982年开始,对市区海河两岸的旧码头进行改造,建成海河公园。海河公园的秋景园位于河西区东部,沿海河西岸,自徐州道至刘庄桥,全长1.54公里。园内广植花木,点缀亭台奇石,是人们游览休息的好地方。

台儿庄路(前身海滨路)历经沧桑,随着城市建设的发展,到了21世纪初期,变得楼高路宽,成为河西区一条靓丽的新风景线。

中西合璧德国大院

位于河西区福建路靠近琼州道的增延胡同就是历史上有名的"德国大院",德国大院是建于1923年的德国侨民公寓。早年,德国大院居住的是在德国公司、洋行等工作的德国中等职员,每户住一所小楼。1949年后,随着德国公司、洋行等停办,在1952年前后,德国人陆续回国,改由中国人居住。

说起德国侨民公寓还得说说德租界在天津的历史。在天津的九国租界中,德租界的历史并不长(1895—1917),只有23年。但德国商人来津做生意却早得多。早在清咸丰十年(1860)天津开埠之前,就有德国商人在老城厢和东门外一带从事商业活动。1895年后,大批德商来天津。在天津开设的德国洋行,前后

德国大院

就有 36 家,另有两家铁工厂。德国的商品,以克虏伯军火为大宗,其他有机械、电器、药品、颜料、呢绒、照相器材等。这样,便有大批德国人住进了天津的德租界。第一次世界大战爆发后,1917 年 8 月 14 日中国政府宣布接收天津德租界,改为天津特别行政区一区(特一区)。

1923 年建成的德侨公寓,为二层带地下室的砖木结构建筑,由五栋楼房组成,占地面积 2500 平方米,建筑面积 4875 平方米。平面呈口子形,中间有椭圆形花坛绿地。建筑排列整齐,内部较为封闭,仅有一条甬道,形成较安静的环境。单体建筑,由一间半开间和两开间式联排组成。每户一所,配有前庭后院,并有后门通往户外。两开间式的一侧,中部是较大的过厅,后部为厨房、楼梯及厕所横向并列布置。前部有门厅和一小间服务性用房。一间半式,加大房屋的进深,前后檐墙凸出,中部为单跑楼梯纵向布置,厕所、厨房前后分开。其主要房间布置:首层为客厅、餐厅。楼上为卧室,房间隔墙设有推拉门。双开间临街采用弧形凸窗,丰富了立面造型。地下室设有锅炉房及杂房。整个建筑平面布局紧凑、灵活,使用方便。建筑结构采用木屋架,砖墙承重,楼层为木龙骨木地板。双槽木窗,外部配有百叶窗。坡式大筒瓦顶,前后出檐。该房德式特征明显,石制台阶,筒瓦雨厦,有老虎窗和顶部天窗,室内有壁炉和灯光灰线。一层为清水墙,上部为砂浆甩疙瘩饰面。入口上部设有门斗,形成里面不同层次变化。虽为西方建筑,但房檐下方有中式老钱图案的通气孔,具有中西合璧的建筑特点。

德国大院建成后,不同职业的德国侨民住了进来。那些当年在这里居住过的德国孩子们,如今已是年逾古稀的老人,他们当中有不少人都出生在天津,长在天津,并曾在德侨学校

(现台湾路小学)上过学,因这里离学校很近,所以放学后常到这个大院玩耍。这些德国"同乡"每次来天津必定要参观的地方便是这里。回家的感觉真好！这是回到整修后的增延胡同后,外籍同乡的共同心声。

到增延胡同参观过的众多德国人之中,次数最多的当属汉堡大学教授石慕宁女士了。石慕宁是其汉名,她的德国名字是莫尼卡·施提罗。石慕宁的祖父是德国人,祖母是中国人,父亲是中德混血儿,母亲是俄罗斯人。石慕宁1935年生于天津,在她18岁那年,也就是1953年离津回德国。十多年在天津的青少年生活给她留下了终生难忘的记忆。她会唱《白毛女》中的"北风吹"和"解放区的天"等歌曲,会说"小小子,坐门墩,哭着喊着要媳妇"等童谣。当问及在德国想吃什么天津饭菜时,她爽快地说:"想吃茴香饺子、煎饼馃子和麻酱面。"而后又补充道:"麻酱面菜码要全,还得有馃子卤和花椒油。"整个儿一个老天津卫。在增延胡同,2001年石慕宁再次回到了她姑妈曾住过的房子。无意中,她看到了她曾用过的单人床和小圆桌,顿时热泪盈眶,当时我与金彭育先生等人都在场,看到了这个场面激动不已。2003年金秋,在外籍同乡回津探亲活动中,她带着初次来华的儿子,又来到增延胡同。在一个不显眼角落里,她又见到了半个世纪前的床头柜和木头衣架。儿时的许多回忆让她仿佛忘记了年龄,一时间,充盈老宅的深情厚谊在阳光的照耀下愈发显得醇厚悠长,老宅里处处流淌着幸福的时光。

2018年是改革开放四十周年,我主编了《河西原点下瓦房》这部书,其中有一个栏目叫"下瓦房老居民话改革",我们为此采访了德国大院老居民杨大辛老先生。他离休前是市政协文史委员会副主任，今年93岁老龄，从1952年在此居住了66年。他给我们讲，增延胡同盖的时候，德租界已经收回了。可是还有很多德国人，增延胡同是给这些德国人盖的，住户多是一些德国公司的职员、军官。最早叫西门子大院，西门子是德国一个国际电器公司，很有名呢。后来就叫德国大院，因为不仅有西门子还有其他公司的，所以到现在还有人叫德国大院，其实不是正式的名字。德国人走了以后就给德国公司的职员、工人住了。我来的时候，地下室住的是伺候楼上德国人的厨师。中华人民共和国成立后很多进城干部也住在这里了，还有一些银行职员、教师等中等收入的住户，层次还是比较高的。原来在这个大院里住过的德国人的后代，到中国旅游和访问时知道这个德国大院，常到大院来参观，我们经常接待他们。德国驻华公使也在我屋里参观过。杨老说着拿出了他与德国驻华公使的合影和德国驻华公使送给他的名片。

德国大院今年95岁了，愿它能得到精心地保护与合理地利用，长命百岁，永远健康！

工商史话

唐廷枢与天津轮船招商局

唐廷枢是中国近代历史上著名的洋行买办，又是清末洋务运动的积极参加者。1873年，李鸿章委任唐廷枢为天津轮船招商局总办。他的一生，对创办近代民族实业，推动民族经济发展，有过重要的贡献。

唐廷枢

唐廷枢，号景星，亦作镜心，1832年5月19日生于广东省珠海市唐家镇唐家村。他10岁入香港马礼逊教会学堂就学，16岁毕业，能说一口流利的英语，"说起话来就像一个英国人。"他写过一本专为广东人与外国人打交道的实用英语手册，名叫《英语集全》，这本书后来被公认为中国学习英语的第一部教科书。毕业后，他在香港一家拍卖行里当助手。从1851年起，他在香港政府当了7年翻译，后又在上海海关担任了3年高级翻译。1861年他受雇于英商怡和洋行，两年后升为买办，一做十年，深受怡和洋行老板的器重；

"唐景星现在是站在我们的船上。"

轮船招商局是我国官僚资本的第一家航运企业,1872年9月李鸿章派朱其昂、朱其绍在天津、上海联络华商,招集资本,选购船只,招聘和雇用管理航业和轮船驾驶人员。1972年12月16日正式开办,总局设于上海,天津为分局。1873年6月,唐廷枢脱下买办的"洋皮鞋",穿上李鸿章递过来的"土布鞋",出任天津轮船招商局的总办。局址在原解放南路281号(已拆)。天津成为我国最早的近代航运事业发祥及决策之地。

唐廷枢在中国航运界威望最高、财力最富、经营管理经验最多。他在任职期间,朱其昂、徐润、盛宣怀、朱其绍等为会办,拟定《轮船招商章程》与《轮船招商局规》,规定资本为100万两。唐廷枢亮出的第一手为招商入股。他大胆引进先进的西方股份制企业体制,向天下华商招募资金,折合股份。他自己入股10万两,并把原来附寄洋行的轮船"随带入局经营"。他邀请同乡、大买办商人徐润入局,徐氏前后两期认股48万两,成为招商局的会办。凭借唐、徐的威望,众商踊跃入股,让李鸿章得意非凡,向朋僚宣传:"唐廷枢为商董,两月间入股近百万。"至此,"招商局"的"招商"二字实至名归,成为中国第一家具有明显的股份制性质的商办企业。

轮船招商局在天津、牛庄、烟台、福州、广州、香港、汕头、宁波、镇江、九江、汉口及日本的长崎、横滨、神户,英属新加坡、槟榔屿、安南、吕宋等处设立分支机构。天津招商局在紫竹林南面沿河地带建有栈房及码头。成为天津港第一个与外商抗衡的"官督商办"航运企业,唐廷枢成为中国第一家新式轮运业的掌舵人。

唐廷枢大刀阔斧地打开局面。用多种方式引进西方的先进轮船及设备,建立起一支具有相当规模的商业船队。雇佣外国船主和技术人员,并注重培养自己的技术人才。1877年,美商旗昌洋行为了把国外资本转作国内投资,以航业竞争日剧,不堪损失为由,在唐廷枢与徐润的策动下,以高价将全部财产售予招商局,计有海轮7艘、江轮9艘、小轮4艘、趸船6艘及上海码头五处、船坞一所、机厂一所,天津、汉口、九江、镇江仓栈四处。至此招商局船只增至30艘,吨位也增到23.967吨。他首次引进西方的保险机制,相继开设保险招商局、仁和保险公司与济和水火险公司。确立"分运漕粮,兼揽客货"的经营方针,发挥官、商两方面的优势。大力开辟江海航线,开航日本、越南、吕宋、新加坡、槟榔屿、印度等地,并一度把航线扩大到英美等国。

1884年6月中法战争,法国军舰在中国东部沿海四处骚扰,招商局船只无法营运,于是与美商旗昌洋行密约,将招商局全部财产以525万两的代价售与该行。所有船只改挂美国国旗,约定战后原价收回。1885年4月中法议和,招商局依约如数收回。1894年7月,中日战争爆发,招商局又采用中法之役的办法,将全部海轮及局产分售各国洋商航业公司代营,再次凭借外国势力的庇护保存了企业。

在唐廷枢任总办的十一年间,招商局的运输收入达到1700余万两,平均每年近200万两,吨位的年产值水平高于外商,成为首家敢与外资抗衡并赢得商战胜利的中国企业。在曲折中发展的招商局,改变了我国航运业被外国侵略者垄断的局面,招商局成立之前,天津港尚无中国籍轮船出入,自1873年以后,招商局的船超过英船居天津市首位。外商的评价是:"中国船队管理有力,指挥精明",并对唐廷枢杰出的经营才能用酸溜溜的口吻表示臣服："(他)在东方一家第一流的外国公司(怡和洋行)任职时,获得了丰富而广阔的经验,他正在运用这个经验去损伤这些外国公司。"其实,外国人何尝理解一位中国企业家的心思,唐廷枢面对洋商激烈竞争时曾说过:"枢、润不虑资本之未充,亦不虑洋商之放价,唯盼各帮联合,共襄大局,使各口转运之利,尽归中土……此事固创千古未有之局,亦为万世可行之利。"唐廷枢爱国之心溢于言表。

1884年,唐廷枢奉命主持开平矿务局。1892年,花甲之龄的唐廷枢病逝于天津。当时上海《北华捷报》发表文章,赞扬他的一生标志着中国历史上的"一个时代","他的死,对外国人和对中国人一样,都是一个持久的损失。"唐廷枢身后"家道凋零""子嗣靡依"。招商局从公积金中拨银1.5万两,"以示格外体恤"。

中国第一家专业疏浚机构
——海河工程局的沿革

坐落在河西区台儿庄路41号的原海河工程局，现名中交天津航道局有限公司，是中国历史上最早的专业机械疏浚机

天津海河工程局旧址(台儿庄路41号)

构。它创建于1897年，迄今已跨越了三个世纪，经历了121年的风雨征程。

19世纪末，海河淤积严重，一遇大汛即洪水泛滥，损失巨大；并且，随着航运业的发展，海河水深已远不能满足中外商船航行需要，海河治理成为各界广为关注的问题。

光绪十三年(1887)，天津海关税务司德璀琳在海关年报中建议，从河道几个弯曲处的颈部裁弯取直，以造成一条几乎直线入海的河道，该计划的费用，如果与裁弯取直后得到的利益相比,并不算大。但德璀琳这项计划,遭到了清朝官方的抵制和干预。光绪十六年(1890)德璀琳再次向直隶总督李鸿章建议,由英国人林德对海河航道进行勘测,拟出浚治计划,并提议自关税中支出白银100万两作为治河经费。李鸿章虽然同意了这一计划,但却遭到地方官员和驳船公司的强烈反对,这一计划并未得以实施。光绪十八年(1892)夏,德璀琳、林德等人为推行裁弯取直计划,在租界南端的河段(今挂甲寺一带)钉下界标,计划进行第一次裁弯取直。此举因占用耕地,也遭到当地农民的反对。当德璀琳、林德与海关道台盛宣怀等乘马前往时,遭到五六百村民的袭击,人们推倒界标,赶走了德璀琳和林德。德璀琳浚治海河的计划宣告夭折。

在此背景下,1897年3月,直隶总督兼北洋大臣王文韶聘林德为顾问,与领事团团长法国总领事杜士兰、英国领事宝士徒、天津洋商总会主席克森士以及天津海关税务司等会商,协议成立了海河工程局,其局务主要由领事团首席领事、津海关税务司、津海关道台(辛亥革命后改称海关监督)等组成的董事会及所聘任的总工程师处理。

海河工程局在管理上,实行总工程师负责制,凡人事安排、财务管理、生产决策等,全部根据总工程师的命令行事。同时设秘书长1人,一向由外国人(主要是英国人)担任,执行董事会的决议事项,具体管理局内行政事务。海河工程局内部的工作人员,按其职能,共分四部,即总务及测量部、工厂与船坞部、挖河部、海河部。

海河工程局的任务,除海河航道本身的整治工程,大沽沙航道疏浚工程,还有塞支强干、裁弯取直,疏浚破冰、修桥造地、转头地等多项工程。还负责海河岸线的管理工作。海河工程局还先后设立了 12 个水位站,负责观测记录降水量、海河的日蒸发量、含沙量、含盐量以及流量。另外,海潮观测也属海河工程局的工作,万国桥(今解放桥)建成后,也由海河工程局负责管理。

海河工程局成立之初,并没有固定的办公地址,召开董事会都是借用戈登堂。为解决办公用房及海河工程局高级职员的居住问题,1911 年 2 月,经董事会批准,海河工程局耗资 14040 两白银在德国租界地的河岸边(今天津市河西区台儿庄路 41 号,市文物保护单位)购地 7.8 亩,并以 32892.23 两白银建造了三幢楼,用于办公及居住,从此海河工程局有了自己的办公用房。

经费来源包括经常费、公债、征收捐税以及浚河挖泥和吹填造地收入费。

海河工程局的经费支出,主要包括:各项工程支出,公债利息,测量、看闸、水尺及办公费用,还有房屋、船坞的建造,工厂的建设以及挖泥船、泥驳等工程船舶及其配套设施的购置、维修等。

海河工程局的建立,对天津航运的发展、对沟通天津的内外经济交流、对天津城市的工商业发展发挥了重要作用。天津成为当时中国第二大工商业城市,其功不可没。海河工程局的建立在纳潮蓄水、防洪排涝、农田灌溉和生活用水等方面,也收到了明显效果。海河工程局的建立,还改变了我国无专业机械疏浚队伍的历史,其成为中国现代疏浚业的摇篮。

1949 年 1 月 16 日,天津区军事管制委员会派水利接管处副处长赵朴等 3 人接管了海河工程局,海河工程局从此回到人民的怀抱。

1953年1月，交通部将全国主要疏浚设备集中起来，成立了疏浚公司，由赵朴任经理，初在上海办公，同年10月迁至海河工程局原址办公。疏浚公司不仅集中了当时中国的主要疏浚设备和技术人员，并且先后制定了40多项规章制度，为中国疏浚业培养并输出了一大批专业人才，堪称中华人民共和国疏浚事业的摇篮。

1958年，交通部决定将疏浚公司更名为"天津航道局"。由此，天航局不仅先后承担了天津港二、三期深水泊位20个、第三码头港池疏浚工程、北港池疏浚工程、南疆码头港池、泊位疏浚工程等多项工程，并且从20世纪70年代末开始，承揽了天津港双航道、主航道加深、10万吨、15万吨、20万吨、25万吨级航道工程，硬是在淤泥质浅滩上挖出了一条长44公里，底宽315米，水深19.5米的黄金水道。到如今，天航局在天津港已累计挖泥超过8亿立方米，并利用疏浚土吹填造地超过70平方公里，天津港和天津滨海新区的诸多黄金宝地均是由疏浚土吹填而成。可以说，天航局为天津港成为世界最大的人工深水港做出了杰出贡献。

到20世纪70年代，我国对外关系不断发展，对外贸易大幅上升，各港口压港严重。此时全国掀起了"大建港"的热潮，天航人再次展示了港口建设主力军的风采，在全国建成的40个万吨级深水泊位中，天航局完成了26个。

改革开放以来，天航局也进入了一个新的发展阶段。1980年实行事业单位企业化管理，1986年改为施工企业。1998年，政企分离，与交通部脱钩，并由交通部天津航道局更名为天津航道局，开始了独闯市场的征程。到2006年完成公司制改造，天航局更名为中交天津航道局有限公司，迈入了跨越发展的新阶段，其施工足迹已遍布中国沿海30多个港口以及亚洲、非洲多个国家和地区。2009年完成的疏浚工程量超过3.5亿立方米，并提前完成了"百年天航、百亿天航"的阶段性目标，实现了历史性跨越。2010年9月，抓住天津滨海新区开发开放纳入国家战略难得的历史机遇，天津航道局由台儿庄路41号正式迁入滨海新区。如今的天津航道局已经形成了以疏浚吹填业务为主，集海外业务、其他海洋工程业务、勘察设计业务、河湖环保疏浚业务、投资业务等为一体的多元化相关业务群，发展成为具有强大设备和技术实力，能够完成各种复杂疏浚吹填工程的知名疏浚企业，正在为把"百年天航建成国际先进、国内最具竞争力的疏浚公司，建成不断创新发展的民族企业"而不懈奋斗。

天津最早最大的地毯厂
——从"玉盛永"到"地毯三厂"

天津市地毯三厂

天津地毯三厂,是天津地毯行业历史最悠久的地毯厂,也是天津地毯业综合能力最强、产品最多样的第一个国企地毯厂。它的诞生和发展见证了中国天津,特别是河西区的地毯工业的发展史。

地毯三厂主要由两大骨干地毯企业以及后来逐步并入的一百多个地毯小厂和作坊而组成。其中第一个骨干厂家是开办于1905年的玉盛永地毯厂。该厂经理李秉彝,字玉德,1884年生于武清县城关。1897年,13岁的李玉德去北京继长永地毯厂学徒,厂长侯继长是李玉德的舅舅,学艺出师后,1900年,他与其表舅郑福明和李君有三人,在天津德租界海大道(今大沽南路)开设三顺永地毯局,郑福明任经理,李玉德负责对外业务,李君有负责厂内业务。李玉德在办业务跑洋行期间,与美商协成洋行关系较好,并得到其大量订单。1913年李玉德自立门庭,雇工50余人,在河西区三义庄租房独资开办玉盛永地毯厂,并约请在北京的师兄张永德、尹魁章、王俊有、张子元四人。师兄弟们同心协力,业务日渐发达,赚了十几万元。

1915年玉盛永地毯厂又购李善人花园(今人民公园)对过十亩土地建立新厂,自设弹花、机纺线、染纱等工序,扩增机梁百余台,最多时职工约600人,地毯年产量达20万平方英尺。玉盛永地毯厂各部门的主要负责人有:李玉德任经理,张永德、尹魁章负责厂内业务,王俊有、张子元负责厂外业务,甄永山为领班,杨印明、李庆元为副领班,还有教徒弟的师傅二十余人。

玉盛永地毯厂发家的主要经验:一是李玉德本人精明强干,善于经营,与外商关系密切,订单充足;二是李玉德与四位师兄弟同心协力,艰苦创业;三是靠学徒工和羊毛贩子,取得低价原料,靠压级压价,从为其加工的小厂获利。

1924年(一说1930年)李玉德患病去世,由其长子李莲溪接替,其不懂业务,原有的四个股东各有私心,大量借款购置房产,再加之该厂长期使用手纺线,粗细不匀,质量较差。1936年,曾显赫一时的玉盛永地毯厂倒闭,将厂房转卖给了仁立地毯厂。

组成地毯三厂的另一骨干企业,即优秀的民族工业仁立毛纺公司属下的仁立地毯厂。其创办人为留美回国的纺织实业家朱继圣。1930年,由他牵头组建董事会投资30万银圆在英国营盘外(现和平区云南路3号)创办仁立毛纺厂。1932年优质地毯专用毛线成批产出，机制毛线的匀度、牢度和毛线弹性大大高于手工纺制的地毯毛线。各地毯厂家使用后纷纷叫好，整体拉动了天津华商地毯的质量。到1935年仁立毛纺公司贷款扶持芮允之等三人在河西建东方地毯厂。当时使用仁立提供的地毯线，为其加工的小地毯厂家有三四十家，3000余人。到1936年又将玉盛永地毯厂收购后组建成仁立公司天津地毯厂，在琼州道7号落户。1938年又将东方地毯厂收购，成为天津有独立出口资格的骨干地毯厂。抗战胜利后兼并了80多个地毯作坊，改为仁立地毯股份有限公司。1952年，时任天津地毯同业工会主委仁立地毯厂厂长的芮允之将189个分散的小作坊组成天津地毯股份联合公司。

当时有股东87名，从业人员813名，总资本49亿元（旧币），地点就在琼州道63号。1956年又吸纳51户小地毯厂成为天津市公私合营地毯厂。

据尹树鹏先生调查得知：1959年地毯工业公司成立，对全市地毯行业重新整合排序，将其定为天津市地毯三厂。为全民所有制单位。这期间，该厂规模很大，其劳资、行政、生产计划、工会等厂级管理部门在琼州道125号。而库房、分厂办公室、保健站等后勤保障部门在琼州道63号。织毯工段则在浦口道225号。工厂附属学校则在大沽路727号。从20世纪70年代到80年代，其生产的地毯供不应求。织毯机最高时有267台，片头台案85个。能生产美术式、风景式、彩花式、北京式、素古式、帐秀式等样式的纯羊毛机拉洗栽绒地毯。密度规格有从60道到180道的低、中、高、精等各档次的地毯。并开发出高精档次的180道栽绒地毯和牦牛毛艺术挂毯。从1978年四次获全国地毯全国质量评比一等奖。1980年后接待80多个国家和地区的客商。该厂还分 6 批派出 20 余人,赴阿富汗、马耳他、苏丹、坦桑尼亚等国家传授技术。到 20 世纪 90 年代末,其年产值为 322.1 万元。该厂培养了地毯编织业唯一一个国家级工艺美术大师陈占贵。其 1936 年生人,地毯三厂新产品开发科副科长,他是由工人刻苦练习织毯技艺而成为的织毯专家。为提高织毯速度,他刻苦钻研拴头织毯技法,创出"作揖"拴头法。抠头由每分钟 40 个提高到 62 个,效率提高了 35%,应邀赴日本进行织毯表演。1973 年参与了中国送给联合国的长城壁毯的织毯工作。

随着改革开放的深入,经济体制发生了重大的变化。地毯三厂也面临着体制改变后的新问题。首先一个问题是要自己要面对市场,而不能像过去那样只管生产不管销售,而一切由外贸公司统购统销。进入 20 世纪 90 年代,外贸形势也不够理想,而国内的竞争对手因市场放开而多了起来,再加上企业办社会,企业负担和债务越来越多,经营出现了困难。进入 21 世纪后,随着工业公司的撤销,各地毯厂关、停、并、转,地毯三厂也退出了市场。厂区被城市建设而置换,在企业破产的过程中债权债务被注销,但产值首先保证第一线工人的利益。地毯三厂是国营老企业,它也在计划经济转向市场经济的过程中完成了自己的历史使命。

近代名人与京奉铁路宾馆

　　海河之滨，奉化桥畔，有一座古朴典雅，充溢着神秘色彩的花园别墅——台儿庄路51号，民国时期这里曾是名人纷至沓来的京奉铁路宾馆。

京奉铁路宾馆旧址

　　这是一座具有浓郁的英国别墅风格的建筑，始建于1902年（清光绪二十八年），主人是来华帮助创办中国最早的铁路公司——津沽铁路公司的财务首脑、英国人纽玛炽·波尔顿。1907年8月，关内外铁路改称京奉铁路，设管理局在天津。1912年北京奉天（既沈阳）间正式开行直达列车。此时，这里经过大规模的改建，成为京奉铁路宾馆。它占地1600平方米、建筑面积为2500平方米。二层砖木结构楼房，屋顶为四面陡坡组合式。清水红墙砖体，用浅色水泥为腰檐、窗口等处的抹面，用石料为下碱砌筑，外观丰富多彩，富于立体感。由台基、方柱、挑檐组成的门廊，壮丽典雅，突出了入口的形象。墙面上雕刻着璎珞等图像，生动独特，增加了建筑艺术的魅力。优美的别墅与宜人的景色相互衬托，相互辉映，这颗镶嵌在沽水流霞链上的珍珠，占尽海河春色。

这真是一块风水宝地，清末民初有多少社会名流曾寓居在这里。中国最早的铁路工程师詹天佑曾在此居住。1888 年（清光绪十四年），当唐胥铁路向塘沽、天津展修的时候，詹天佑进入了天津铁路公司，用了 80 天指挥完成了塘沽到天津间的铺路工程，表现了卓越的才能。后来他又参加了津榆铁路（天津—山海关）、津芦铁路（天津—卢沟桥）、京奉铁路（北京—沈阳）的修建。京奉铁路宾馆当然是他经常下榻的地方了。1912 年 8 月，孙中山应袁世凯邀请，自上海经天津抵北京，与袁世凯晤谈 13 次。9 月，孙中山接受袁世凯任命，督办全国铁路，他"日夜筹思，不敢稍懈"，先后视察了北宁、津浦北段和胶济等铁路，多次发表关于修建铁路计划的演说。孙中山在视察中曾几次过天津，京奉铁路宾馆无疑是他休憩的地方。

1924 年 11 月，张作霖打败吴佩孚，奉军入关，张学良指挥的奉军第三、四方面军司令部设在天津。"少帅"张学良初到天津时住在利顺德大饭店，后来以此处为别墅之一，成为他与赵四小姐的爱巢，还常在这里举行欢宴、舞会，接待过当时国内外的许多重要官员。一楼曾珍存着他当年用过的镶嵌着象牙的台球案和象牙台球。据说，张学良在此养过两匹心爱的赛马——"黑驹"和"兰花青"，由于喂养精心，长得膘肥体壮。

这里曾风云际会，嘉宾如云。蒋介石、孔祥熙、李宗仁等人都曾在这里居停。1945年8月15日,日本侵略者宣布无条件投降。10月6日,驻天津日军的受降仪式在美国海军陆战队第三军司令部(今承德道天津文化局)门前举行。据说,在受降仪式之前,李宗仁将军曾在这里接受日军的虔悔。

1947年6月已辞去行政院副院长兼财政部部长的"财神爷"孔祥熙来天津看望五婶母王瑞雪,并巡视一下是年1月重新开业的山西裕华银行天津分行。他下榻在京奉铁路宾馆,住在一楼靠右边的一间大房间。他来津的第二天五婶母与侄女孔令桂来到宾馆回访。孔令桂今年78岁,她向笔者讲述了三伯父孔祥熙这次来津的情景:"当时我们住在天津裕华银行(今赤峰道28号)楼上,孔祥熙时年67岁,拄着文明棍,我正在擦地,听说三伯父了。我连忙喊:'我大爷来了,我大爷来了!'当时天津裕华银行经理、我父亲孔祥吉(天津祥记公司经理)、我五祖母等都出来迎接。我和三伯父相见,格外高兴。他很喜欢我,问我:'你长大想干什么?'我说:'当大夫!''有出息,我供你。'他还说:'你母亲生前治家严格,对孔家有功。'他说着就让裕华银行经理为我立个折子,并对经理说:'今后令桂侄女的一切费用由我负责。'"第二天,孔令桂五祖母与三伯父第二次相见,也是永别。1947年秋,孔祥熙赴美之前曾来过一信,信中说本想把侄女带走,但因祖母年高,出门不便,只好把侄女留下来照顾祖母。中华人民共和国成立后,1953年,孔令桂15岁,孔祥熙从日本辗转派人到天津来接她,但因孔令桂仍需照顾年迈而有病的五祖母没能走成。正因为孔祥熙对侄女的喜爱和信任,孔令桂才与五祖母一直相依为命,直到1954年她病故。

改革开放给这座饱含历史积淀的建筑带来了新生。由天津和台湾的企业家合资成立的天津华钜餐饮娱乐有限公司,经过大规模的装修,建成了 51 号花园酒店。近年上海名轩天津店进入,又重新进行精心装修,该店独家经营的洋房菜——上海蟹宴更为这里增加了无尽的魅力。

花园酒店的室内设计采用西洋古典装饰纹样,木装修均为古色古香的深褐色。正中大厅高度贯通一二层,周围部分设有回廊,可以俯视厅内。二楼上的八棵内廊柱均为西洋古典柱式,楼梯间采用精美细致的彩色玻璃。酒店以曾在此留驻过的 8 位名人命名餐厅、会客厅,有润之厅、伍豪厅、逸仙厅、德邻厅、汉卿厅、眷成厅、庸之厅等。每个厅都以别具一格的装饰及图片实物,营造了一种环境氛围和历史情调,给人以独特的感受。顶层阁楼是地道的英国式暴露木结构,赭色的木构架在浅色的粉墙上,形成了很优美的框线。室内装修的暖色调处理,意在给人以回归自然,去掉装饰的感觉,营造一种亲切、热情和淳朴的气氛。阁楼内陈列的器物古色古香,加厚了这座建筑深深的历史文化内涵。

近年来,这座历史建筑吸引了越来越多的人。电影《神鞭》《东陵大盗》《刀、剑、笑》《大进军·席卷大西南》及大型电视连续剧《末代皇帝》都曾到此拍摄内景。

"起士林"的故事

"起士林"是天津最早的西餐馆。店名是其创办人的名字译音。据说他原系德皇威廉二世的宫廷厨师，擅长制作糕点、糖

起士林（解放南路与徐州道口）

果，1900年作为德国厨师随八国联军来天津。德军撤走后，他和妻子留在天津，曾充袁世凯的长子袁克定的西餐厨师，1901年在法租界中街，今解放北路与哈尔滨道交口附近，以酒吧的形式开设了一家小西餐馆，以其自己的姓名"起士林"为店名，自制精美的糖果和面包，还供应德式、法式大菜。起士林掌灶，妻子做招待，并且雇了一位德国人当助手。因为西餐馆靠近法国工部局（今天津粮食局址），法国食客较多，其中不少是法国工部局官员。有一天正在营业，门前有两个法国士兵经过，起

士林随口说了两句讥讽法军怯懦的闲话，恰好被正在店内就餐的法国官员听到，于是引起了一场激烈的争吵。法租界官员仗势欺人，勒令起士林三天内将餐馆迁出法租界。起士林无奈，只好将餐馆迁至德租界交界处，即今解放南路与徐州道口（今北京电影院对过起士林食品厂门市部址）。

1908 年起士林又吸收其妻弟巴德入股，店名亦改为起士林—巴德，不过人们还习惯地称起士林。起士林服务态度好，对中国人也非常客气，并且店员会说流利的中国话，慕名而来的食客愈来愈多，加之津浦铁路开通，又承包了该路餐车的面包点心，起士林愈办愈红火。

据说袁世凯任直隶总督兼北洋大臣时，有一年过生日时，将起士林餐厅整个包了下来，阿尔伯特·起士林按照西方的习俗布置会场，氛围高贵典雅，深得袁世凯的赞赏。人们品尝了他的拿手德国大菜后，又见他捧出一个多层蛋糕，点燃的蜡烛光照摇曳，将餐厅映照四壁生辉。美丽的蛋糕由一层层金字塔堆砌，金灿灿的塔底雕满了花纹，塔顶镶嵌一个"寿"字，四周缀满了奶油制成的鲜花。自此天津有钱人家过生日，都惦着到起士林庆贺一番，点名让阿尔伯特·起士林制作一个颇具特色的生日蛋糕。1912 年黎元洪在天津过生日时，让起士林送去一个长宽高各 1 米的方形寿字蛋糕，蛋糕四周缀着 48 个小寿字，五光十色惹人喜爱，真不愧是一件艺术品。

第一次世界大战时，起士林的主人——起士林和巴德，奉本国征召，回德国从军。于是，起士林就由老板娘和助手经营。三年后，传来噩耗，说是老板起士林和巴德战死。一年后，老板娘便和助手在天津的一个小教堂举行了结婚仪式。哪知半年后，老板起士林忽然"死"而复生，又回来了。助手认为此时自己应该离开,起士林再三挽留,结果,三个人仍旧同心协力经营餐馆。

到20世纪30年代,生意更加兴隆,餐馆发展成为5间大门脸,附设舞厅和露天餐厅。1937年"七七事变"后日军侵占天津,后来又封锁英法租界,起士林的生意一落千丈。抗战胜利后,起士林一度为国民党励志社接收,供招待美军使用,其生意随着整个西餐业的复苏始有好转。1949年后,由人民政府接管,归交际处经营,仍称起士林。

至于今开封道与浙江路交口的起士林大楼,此址原叫中和村,1938年由东北哈尔滨义顺和糖果公司股东普列西(美籍白俄人)、齐竹山(山东人)、郝如九(山东人)投资,兴建维格多利餐厅,原计划盖7层大楼,因1939年天津闹大水,地基被水淹泡,水退后仍利用原地基只能建4层大楼。全部工程耗资120万元,于1940年建成。这是一座欧式风格的四层建筑,成扇形,像个聚宝盆,门前是广植花卉的埃尔金小花园(平安园),西面与平安电影院(今音乐厅)隔路相望,左临与埃尔金大楼紧紧相连,南面隔路和先农公司所建的8所洋楼遥遥相对。维格多利餐厅大楼为小白楼繁华区增添了光辉。楼下是广阔大厅,临街大玻璃窗,厅内广设大理石圆桌,皮软椅;东面为大酒柜,北面是烟酒、罐头、糖果、西点专柜。迎面有宽阔楼梯,东部后门外为生产车间。该大厅整日营业,以冷热饮为主。二楼为环形,中间有天井可俯视楼下,四周设皮椅餐桌,供应俄式大菜,东面有厨房,旁设酒座,内部为U形餐桌,可容宾客百余人。厅内装饰豪华,顶灯、壁灯均购自荷兰。三四楼为设备完善的公寓式房间,一个房间一个式样。房间多为外国人和少数中外交际花居住。四楼屋顶设有露天花园,夏秋季开放,广植奇花异草,一律竹制桌椅,有电梯直通楼顶。另有两层后楼,带地下室,地下通道和后院,供股东、经理等住用。

1954年,起士林接办维格多利餐厅,改称起士林餐厅。1991年改为天津起士林大饭店。现有的营业和生产面积4800平方米。在北戴河还有8000平方米的分店,并设有别墅式的客房。主要经营俄、意、英、法、德5国风味大菜和各种冷热饮,享有西点大亨的美誉。多年来,起士林接待过近百个国家和地区的政府官员1万多人次。美国前总统老布什曾六进起士林,我国领导人刘少奇、周恩来、陈云、邓小平等都曾光顾过起士林。

2001年,天津举办了首届西餐饮食文化节,大会的主会场选在了起士林大饭店,一个身材魁梧、神采奕奕的德国耄耋老人吸引了众人的目光。他是创始人阿尔伯特·起士林的儿子威诺·起士林。他在许多天津餐饮界名流的簇拥下评点菜品、观赏制作,满怀深情地望着橱窗内陈列的老照片和老餐具,感慨万分。

目前,小白楼地区高楼林立,是天津著名的商业区。夜晚,享誉海内外的起士林三个大字高悬楼中熠熠闪光。

兴学宝地

国立北洋大学堂
——中国近代建立的第一所大学

　　国立北洋大学堂，初名北洋西学学堂，也称天津中西学堂，即今日的天津大学，是我国近代建立的第一所大学。

北洋大学堂外景

（今海河中学及毗连的解放南园一带）

北洋大学堂的建立源自"兴学强国"的时代需要。1894年中日甲午战争爆发，中国在甲午战争中失败。战后，清光绪皇帝开始寻求变法维新，下诏全国征求"自强""求治"之策。一时间，朝野上下总结失败教训，筹划救国之计成为头等急务。一批有识之士认为，中国衰弱的根本原因在于教育落后，救国之道应从改良教育入手。1895年5月维新派代表康有为等人"公车上书"，主张改良政体，"废科举，兴学校"。同年9月，时任津海关道的盛宣怀提出："自强首在储才，储才必先兴学"，"伏查自强之道，以作育人才为本；求才之道，尤宜以设立学堂为先"的主张。并与美国教育家丁家立研究，按照美国哈佛大学模式着手筹办一所新式大学。

1895年9月19日（清光绪二十一年八月一日），盛宣怀将创建新式大学的规划——《拟设天津中西学堂章程禀》，上报直隶总督北洋大臣王文韶。王文韶对于此事非常重视，将《拟设天津中西学堂章程禀》择要改拟为《津海关道盛宣怀创办西学学堂禀明立案由》，于1895年9月30日（清光绪二十一年八月十二日）上奏光绪皇帝。1895年10月2日（清光绪二十一年八月十四日）光绪皇帝御批照准，国立北洋大学堂正式诞生。

北洋大学堂是依照盛宣怀规划的章程建设的。盛宣怀规划的《拟设天津中西学堂章程禀》，是我国高等教育的第一个章程。章程规定：头等学堂"此外国所谓大学堂也"。北洋大学堂建立之始就以美国哈佛大学为蓝本，与世界当时最先进的大学教育直接接轨。从学制来看头等学堂为大学本科，二等学堂为预科，学制各为四年。1895年成立时，头等学堂直接从香港、广州、上海等地，招取"已通大学堂第一年功夫者，精选三十名列作末班（即第四班）"，经过四年培养，1899年毕业了第一届大学生，我国第一张大学毕业文凭获得者王宠惠，就是在1895年由香港招取入头等学堂法科第四班，于1899年毕业，1900年初发给毕业文凭的。

大学堂仿照西方大学设立学科制，创办之初设有土木、冶金、机械和法律4个学门。对学生采取分学门、分班级授课制。开设崭新的西学课程。头等学堂除英文外，法、工科设数学、物理、化学、绘图等基础课程。高年级分学门学专业课程。工科的分学土木工程、电学、矿务学、机器学等专业课,法科学律例学、各国通商条约、万国公约等专业课。因为是国内首创没有样板可以参照,只能照搬西方大学的模式,移植西方大学教学内容,使用西方大学教科书,聘请洋教习用外语授课,因此它的教学水平也是与当时西方大学看齐的。如教习美籍学者福拉尔博士与爱因斯坦过往甚密,对相对论深有研究,常为学生讲授相对论原理,使学生的科学思想顿然开启。在 1897 年出版的《北洋大学堂题名录》中英文对照本上,称这所新式大学为 University,而不是 College 或 Senior high school(专科学院或高级中学)。从教学水平与教育效果来看,头等学堂毕业生不经考试,就可直接进入美国著名大学的研究院,是具有高水平的大学。在创办章程中就规定出:"至第四年头等头班三十名,准给考单,挑选出堂,或派赴外洋分途历练。"在筹建计划的经费预算中就已经为出国留学准备了资金,"积存生息,以备四年后挑选学生出洋川资经费。"1901 年,盛宣怀通过南洋公学资送北洋大学堂第一批毕业生赴美,入美国耶鲁大学、康奈尔大学等学校深造,这是我国第一批大学本科出国留学生。

头等学堂章程中特别强调"汉文不做八股试帖,专做策论,以备考试实在学问经济。"汉文作为一门课程不列在课程规定中,而列在章程总则中,这表明了该学堂与那些"中学为体,西学为用"的学堂的区别,他以教授西方先进的科学技术,培养学生的真才实学为办学目的。

北洋大学堂开办之初,"所有头等学堂,应即照前北洋大臣李批准周前道原拟以博文书院房屋为专堂。"博文书院是一所拟课以中西有用之学的中级学校。1886 年(光绪十二年)由时任津海关道周馥禀请北洋大臣李鸿章在天津设立。院址选在天津大营门外梁家园村，建造一片四合式的大楼和相连楼房的平房，作为校舍。经费由海关收入拨付，后将建成的校舍抵押给银行。1895年经盛宣怀恳请胡臬司（臬司是地方司法官，亦称按察使）由梁台设法筹款，向银行赎回博文书院校舍，作为公产，拨给创建北洋大学堂校舍专用。经盛宣怀奏准，该校舍为北洋大学堂校址。校址西临解放南路，东至海河边的台儿庄路，北临南京路，南界绍兴道。此处现在为海河中学、解放南园、港建里、海运里居民楼及机关、公司等事业单位所用。这个校址是中国第一所新式大学——北洋大学堂的发祥地。

1895年底，校址所在地划为德国租界，初期学堂未受干扰，只是在修海滨路（今台儿庄路）时学堂的院墙向里移了一块。八国联军入侵津京后，校园先为美军所占，后校舍改为德军兵营，设备和文书档案皆遭毁坏，学堂被迫停办。其后几经交涉在此复校未有结果，总教习丁家立自告奋勇，亲赴柏林交涉，根据德人"购地章程"规定地价，从德国政府索取偿金白银5万两。袁世凯当即决定另在天津西沽武库重建"北洋大学堂"。1903年4月27日正式复课。

煌煌北国望学府，巍巍工商独称尊

——从"天津工商大学"到"河北大学"

天津工商大学筹创于民国九年(1920)，转年由管理天主教直隶东南教区(1924年改称献县教区)的献县法国耶稣会在天津创办，是一所专科大学。1921年选定英租界马场道(今河西区马场道天津外国语大学)为建校地址。

1922年建教员宿舍、预科楼，第二年落成。1923年秋成立预科，正式开学，有学生48人，校长为于溥

天津工商大学教学主楼

泽博士。1924年开始建筑别具风格的主楼——教学大楼。

1925年成立工、商两科。1926年11月教学大楼落成。1927年又建成图书馆、藏书室及新宿舍。同年，于溥泽博士离任，裴百纳博士继任校长。1928年第一班学生正式毕业。1930

年,停办预科,改设附属高级中学(今实验中学前身)。1931年又建初中楼、高中宿舍,继而又建成铸铁工厂、木工厂、翻砂厂等。前后历时十年,学校初具规模,学生增至600余名。此时校长为赵振声博士。1933年8月经教育部批准立案,因所设系科数量未达"大学"标准,注册时易名为河北省私立天津工商学院,由华南圭任院长。校训为"实事求是"。校歌为"科学救国效著于西洋,裕民保种端赖工商。煌煌我校踞析津之阳,乐育善诱裁成栋梁。莘莘学子负奇资,如圭如璋,切磋琢磨集于一堂;济济青年勤学问,日就月将,藏思修游教亦多方。守校训誓永志而弗忘,实事求是乃成德之梯航。知识日以进,体魄日以强。三育完美,二科专长。尊师敬友,所习勿荒幼学壮,行庶挽澜狂。谨祝我校如陵如岗,万岁无疆,人才辈出,久久自芬芳。"同年建科学馆及机器室。该校设工商两科。工科分桥路、机械2系;商科分普通商业、财政银行2系,学制均为四年。

该校地震仪室陈列有天津最早的一台地震仪——大地侧震仪。这台地震仪为俄国大科学家贾理精所发明,于1931年由上海徐家汇天文台运津。天津最早的建筑教育事业始于该院建筑系。1937年秋部令工科分为土木系、建筑系。商科分为会计财政系、国际贸易系。建筑系课程采用法国体系。抗日战争爆发后,天津大部分高等学校南迁,一些留津的知名学者,如土木工程专家高镜莹、林镜瀛、谭真,建筑学专家沈理源、阎子亨,物理学专家马沣,地理学专家侯仁之、语言学家朱星等都应聘到该校任教。当时该校成为华北地区有较大影响的学校之一。该校历史上田径运动成绩出色,1935年校田径赛队荣获河北省天津区运动会团体总分第二,径赛总分第一。1943年9月,该院添设女子文学系,招收新生90名,由教育家孙家玉主其事。1945 年秋又添设家政系及史地系。1946 年秋,在工科添设机械系,在商科添设工商管理系,达到 3 院 10 系。工学院有土木工程系、建筑工程系、机械工程系;商学院设有会计财政系、国际贸易系、工商管理系;文学院设有中国文学系、外国文学系、史地系、家政系。该院历任校长为:于溥泽、裴百纳、赵振声、华南圭、刘斌、刘乃仁。校长下设训导主任、总务主任、校长下有训导主任、总务主任、工学院院长、商学院院长、文学院院长。及各系主任、会计主任、庶务主任、体育主任等。该院1947 学年度第一学期有教员 91 人,职员 20 人,学生 761 人,经常费预算岁入岁出均为 328 500 000 元。该院图书馆藏外文书 33 631 册,中文书 21 369 册,合计 55000 册。

工商学院时期是该校历史上的极盛期,在教育界享有"煌煌北国望学府,巍巍工商独称尊"之誉。特别是 20 世纪 40 年代中期,该校人才荟萃,堪称与美国康乃尔大学相伯仲,居于天津各高等院校之首。工商学院奉利马窦、南怀仁等前辈传教士为楷模,实事求是,崇尚科学。在学校主楼正厅,悬有二人画像,墙壁正中悬挂着南怀仁绘制的巨幅《坤舆全图》。

由于学校加强了系科建设,于 1948 年秋获准重新注册为"私立津沽大学"。1949 年 1 月 15 日,天津解放。1951 年 9 月19 日,中央人民政府教育部根据津沽大学校董会的请求,发布(51)高一字 1170 号令批准:"津沽大学改为公立,校名仍称津沽大学,由天津市人民政府具体领导,由部另刻校印颁发启用,全部经费亦统一划拨交天津市人民政府颁发。""私立达仁学院停办,全部学生转入津沽大学商学院。""天津土木工程学校合并于津沽大学工学院。""以津沽大学原有文学院为基础,筹建师范学院。"国立津沽大学由著名物理学家张国藩任校长。同年 9 月 25 日，津沽大学隆重举行"津沽大学改为国立接受典礼暨开学迎新大会"。中央人民政府教育部、天津市人民政府、各兄弟院校、社会团体负责人及知名人士到会祝贺。参加大会的有马叙伦、曾昭抡、黄敬、李烛尘、周叔弢、杨石先、张国藩、孙冰如、张宗麟、黄松龄、吴砚农、毕鸣岐、李钟楚、徐世章等一百余人。11 月 19 日，国防委员会副主席叶剑英视察天津，特地来到津沽大学看望师生，并勉励师生"按照党的新民主主义方针政策把学校办好"。

1952 年春，为贯彻中央以培养工业建设人才和师资为重点，发展专门学院，整顿和加强综合性大学的方针和中央教育部对天津市三所大学院系调整问题的决定，天津市成立天津、南开、津沽三大学院系调整委员会。8 月津沽大学工学院并入天津大学；商学院并入南开大学；以津沽大学师范学院为基础，在原校址组成天津师范学院。1958 年夏，河北省教育厅将学校扩建为"天津师范大学"。1960 年夏，河北省人民政府将天津师范大学改为综合性大学，定名为"河北大学"。1970 年 11 月，河北大学由天津市迁至河北省保定市，原校址后迁入天津外国语学院（今天津外国语大学）。

夏景如与圣功女中

2014 年是著名女教育家夏景如任校长的天津圣功学校（今新华中学、和平区劝业场小学）创办 100 周年。

著名教育家夏景如校长

1914 年 6 月 28 日,为解决租界幼年女子入学问题, 天主教爱国人士李鲁宜、杨苪仁、英实夫、夏景如等创办了圣功女学校。"圣功"两字出自《易经》"蒙以养正,圣功也。"这是一所天主教会女子学校。校址在法租界义庆里。校舍三间,招收小学学生 70 名,编低、中、高三班。初推英实夫夫人夏怀清担任校长。1915 年夏怀清校长因家务繁忙辞职,校董事会推举夏景如继任校长。

夏景如,名心斋,字景如,天主教徒,圣名玛利亚,山东寿光人,1893 年 8 月 29 日生。其母在北洋女师范学堂任庶务,其毕业于天津北洋女师范学堂及暨南大学堂。1909 年至 1914 年曾参与创建青岛圣方济各会创建的天主教女子学校（青岛圣功中小学前身），并担任教员、校长。天津《大公报》创办人、辅仁大学校长英敛之之弟英实夫是她的姊丈。1914年，夏景如因第一次世界大战日德青岛战事避乱津门，住在马场道佟家楼村三采里1号，正赶上筹建圣功学校，被邀为创办人之一，协同筹划。

1915年秋，该校迁于海大道（今大沽北路）美以美会旧址（靠近海河马家口）。1916年，该校迁于法租界26号路（今滨江道）原劝业场小学址。1917年高小第一届学生毕业。小学内附设师范班，系旧制五年毕业。1921年秋，课程设置与各项设备均已完善，上报直隶教育厅核准立案。1929年，因国家规定师范学校由政府办理，私人和社会团体不得再设立师范学校。于是在英租界44号路（今河北路）黄家花园附近租校舍，改师范班为中学部，重新向天津特别市教育局呈报立案。中学部定名为"天津特别市私立圣功女子中学校"。有学生80人，编为高中二班，初中一班，小学仍在滨江道。1930年6月，高中学生第一届毕业。1933年在滨江道校址内增筑楼房，扩大教室。新楼既成，中学部迁回，高中实行单轨制，初中双轨制，中学共九个班。小学部则迁往法租界35号路（今和平区山西路原工具公司旁）。1937年扩建了山西路校舍，高中文理分科，理科班迁入山西路分校。

夏景如校长的古汉语知识渊博，喜好古典诗词。尤其喜爱郑板桥的诗画。她擅长讲《论语》《孟子》，讲起来眉飞色舞，津津有味。夏校长办事严谨，对教职工、学生要求十分严格，对自己要求更严格，处处为人师表。她虽是缠足，每天清晨要去检查晨操。她事业心强，为了一心办教育，终身不嫁。夏校

圣功女学校成立时师生合影

长对师生很关心,特别是对该校毕业留校的老师。抗战前,她曾两次利用假期,在北平颐和园租房子,组织教师携带家属分批分期去休假,每人半个月。顾训言老师的父母病故时,夏校长亲自带领学生去吊唁。年轻女教师订婚或结婚,她常以证婚人身份出席。

1937年7月29日南开、女师被炸,转天天津沦陷。"圣功"校长夏景如与"耀华"校长赵天麟一样在本校开办特班(也叫分校),招收河北省立女师学院附中、南开女中等失学的女生240名。由于"圣功女中"不仅教学好,全校师生还表现出了极高的爱国热情,引起日军不满。9月开学前,日军当局规定自新学年开始,学校要更改校名。这条规定让夏校长难以接受,她伤心之余,隐居于法国医院,一周没有办公。最后文贵宾主教以学校保证人身份,出面与日军调停,愿意承担全部责任,才保住了"圣功"校名。

1939年夏景如校长委托修女文克彬(德国籍,修女院院长)代理中学校长,自己专办小学,并兼教国文。此时中学部高中为双轨制,初中为三轨制,共有学生550余人,再加上小学300余人,大有人满之患。为了解决校舍拥挤问题,夏景如和校董事会募集巨款,购置土地,计划在特别一区马场道陶园(今马场道99号新华中学校址)建筑新校舍。于是多方募捐,圣母无原罪方济各传教修女会总会捐助建校基金,于1938年12月29日首次付款,购买了"陶园"地块。1941年4月23日经批准破土动工,方济各会、遣使会以低利息贷款给学校。1941年12月7日四层新校舍(今新华中学圣功楼)落成启用。圣功女中迁至新校舍,有学生586名。是年校董事会推举李仲武为校长,文克彬为校务长,综合管理学校一切事务。又经天津教区天主教会许可,从欧洲聘请一批精通中文的德国籍修女,参与学校的管理和教学工作,以使学校达到欧美先进地区的教学水平。到1943年学生增加到650名,每班人数达50到60人不等。

抗战胜利后,1945年9月,李仲武因病去世,董事会又推举夏景如为校长。夏校长提议组织了圣功中小学新的校董会,原天津市教育局局长邓庆澜任代理董事长。夏景如还兼任天津仁爱高级护士职业学校董事长、天津志生高级助产职业学校董事、天津法汉中学董事、北平培根、济南黎明、开封静宜女中校董等。

该校师资力量强,教学水平高。有名师步子方、老芸香、张春华、张庄容、王福重、司徒敏等。20世纪40年代在天津市中学语文、数学竞赛中多次夺魁。抗战胜利后,教育部以中字第24745号训令嘉奖圣功女中。

1948年1月,夏景如校长当选为国民党政府第一届立法委员,后赴南京,去台湾。1949年1月15日天津解放,德玉珍任圣功女中校务委员会主任委员,不久任代理校长。1952年12月,私立圣功女中改为市立天津师范学院女附中。1956年,改名天津师范学院附中,开始实行男女混合招生。1958年后,先后改名为天津师范大学第一附属中学、天津师范大学附属中学、河北大学附属中学。1973 年更名为新华中学。1974 年 7 月 7 日夏景如在台北耕莘医院逝世。

博尔克与天津德华普通中学堂

2007 年是博尔克任校长的天津德华普通中学堂(今天津海河中学)建校 100 周年,海河中学特意按照德华中学铜钟的比例,铸造了一口直径 1.5 米的铜制新校

德华中学堂校长博尔克与学生在一起

钟,并开始在上下课时恢复校园钟声。该校校史馆内珍藏着当年德华中学的一些珍贵物理、化学、生物等实验仪器,以及老照片和校钟等,校长博尔克女儿山海蒂 1986 年曾向天津河西档案馆与海河中学捐赠了照片、课本及《天津德华普通中学校一九一五年年终报告》等。这都是中德两国百年文化教育交流的历史见证。

天津德华普通中学堂建于清光绪三十三年(1907)，校址在德租界威廉街(今解放南路)大营门外原北洋大学堂(1895年建)，当时是德国兵营内(今海河中学及毗连解放南园等)。该校是德国领事馆控制下的文化教育机构，为德国政府组织下的一所商办学校，是在学校委员会(即校董事会)资助下成立的德国人在天津创办的唯一一所中等以上的学校。

校董事会董事长为德国领事官文硕，董事有劳禄士(德华银行行长)、宝克司(该校校医)、韩尼肯(井陉矿务局局长)、鲍敖古(书记官)、李世铭、严昭明、博尔克。校长博尔克(Gustav Berg, 1883—1963)，学过汉语，受德国外交部委派到天津创办德华中学。校长及各科教员均为德国人，大多数能说流利的中国话。除德国教师外，还有几位中国教师，教授汉语、文学、历史等。经费除由德华教育会出资外，主要来自德国捐款。

德华学堂初办时只是为解决德租界内侨民子女的受教育问题，发展到1909年，这所学校历经了一次较大规模的扩充，增收了很多非德籍学生，并招收了一些来津的朝鲜籍学生。该校招收14岁至20岁高小毕业或能作300字汉文的中国男学生。录取学生只是根据智力，而不考虑学生出身。每学期学费12元，宿费7元，膳费5元6角。录取的学生首先学德语，因为各门功课都是德语讲授。该校使用的教材相当于德国中等学校的水平，以教授自然科学学科为重点，以期学生毕业能通过德国学校的高中毕业考核。开设的主要课程有：德文、算学、博物、物理、化学、历史(德文历史)、中国历史、地理(德文地理)、中国地理、体操、修身、国文、法制等。

天津图书馆珍藏着一份德文的《天津德国学校章程》，该章程共33条，归纳为7个大项，1.学校建立，2.录取和退学，3.

成绩单、升级和考试,4.学费,5.假期、免课、旷课、疾病,6.学生举止行为和赔偿责任,7.家庭和学校。这是一份十分完善的现代学校章程,它从学校的性质,学生录取的条件,学生成绩管理和升学考试,学费的收取和管理,假期的设立,对学生各种免修、旷课、生病等情况的处理原则,对学生各种在校行为的规定和对过失的处罚,以及学校与家长建立良好的沟通方式等均做出了明确的规定和说明。

在章程第一项"学校建立"中,开宗明义地说明这是一所男女兼收的中学,并兼有一所小学校。章程第二项"录取和退学"中,学校除了要求入学学生提供小学毕业证书、出生证之外,还要求有"种痘证"。章程第七项中提出的对家长与学校的关系所做出的规定。章程既要求教师应该将孩子的各种在校情况通知家长,又要求家长给予学校积极配合,"同老师保持经常的磋商"。章程最后一条规定家长和校方在对孩子的教育上出现分歧意见时不应让孩子知道,而应及时与校长或教师直接磋商。

该校建校目的在于培养亲德的有识之士,毕业后介绍到德国商行工作,或升入上海同济大学后再送往德国留学。1914年以前,该校有学生百余人。1915年该校学生达142人,其中寄宿生105人。是年毕业生15人,为陈秉琦、赵世暹、张言森、李邦翰、许勤、殷国琦、贺家珵、郑长岭、张德耀、张德焜、周明夒、陈国钧、陈国培、王伟、冯可培。其中赵世暹江西南丰人,曾任中央水利实验处技正,水利史专家、藏书家。张言森(1896－1986),福州人,是地质、铁路工程和水利工程测量专家。李邦翰(1895－1986),字蕃候,是著名北洋军政大员、著名国学家李廷玉先生之次子。后毕业于德国福朗府大学经济科,获社会经济学博士学位。先后任上海同济大学教授、河北省立第一中学校长、天津市立师范学校校长等职，是天津近代著名教育家。周明夔(1899—1970)，字叔迦，著名实业家、教育家周学熙三子，为佛学家，现代中国佛教学术重要奠基人之一。该校毕业生李勉之(1898—1976)，天津人。毕业后在同济大学学习电机，1922年赴德国进修实习。回国后协助其父李希明(启新洋灰公司董事长)经办唐山华新纱厂、滦州矿地公司。1932年，举家迁来天津，与他人合资兴办中天电机厂，后任该厂董事长。该校也曾培养出一些天津的买办人物，如米禄斋、赵恩科、李炳志等。

1912年，遵照教育部颁布的法令，天津德华普通中学堂更名为天津德华普通中学校。1918年德国战败后，在校学生纷纷退学转校，加之有关当局也不许德方办学。1919年，由天津教育界著名人士李金藻出面，将该校接管，并于是年1月7日举行交接仪式，改组为大营门中学，由李金藻出任校长。该校1924年停办，拟改建为美术学校。1924年4月，鉴于当时的直隶省无女子中学的状况，经直隶省教育厅批准在此兴办女子中学，称"直隶省立第一女子中学校"。1928年6月更名为"河北省立第一女子中学校"，1933年10月改为"河北省省立女子中学"，1949年8月更名为"天津市立第一女子中学"。是月定名为"天津市第一女子中学"。1968年更名为天津市海河中学。

百年老校德国侨民学校

天津德侨学校全景照片（1913 年建）

今台湾路小学的前身是德国侨民学校（见上图），设于德租界 15 号路（Schul Str，今台湾路 1 号），1909 年（清宣统元年）1 月 4 日，由"天津德国人学校协会"成立。1 月 5 日《京津泰晤士报》报道了这所德国小学堂成立的情况。该校直属德国侨民会管理。1913 年建成新校舍，初建费由恺撒君主和恺撒皇后基金会资助。占地 5.8 亩。为典型的德式建筑，有 20 多个教室，有一个大操场，初设幼稚园、小学部，20 世纪 40 年代发展到初中部，专门招收德国侨民子弟。1939 年德政府在经济上给予学校支持，在德社区招聘义务教员。

1947 年起德国侨民陆续归国，转年德国侨民学校与天津市立第九十七小学合并为六区一保国民学校。原天津市立第九十七小学始建于 1938 年,校址是特一区苏州道(今河西区绍兴道)2 号,是一所短期小学,初设 2 个班,几十名学生,2 名教师,接受贫困儿童入学,为了照顾学生挣钱糊口,每天自选上午或下午学习 2 个小时。1944 年改为正式小学,定名为天津市立第九十七小学,设初小 4 个年级;1946 年(民国三十五年)扩充为完全小学,有 10 间教室、4 间办公室,1 个大操场,增设高小 2 个年级,校长陈蕙(女),有教职工 10 多人。

1948 年合并后的六区一保国民学校设有初小、高小,学生635 名,教职员工 22 人(其中工友 4 人),教室 11 间,校长陈蕙,校址在威尔逊路(今解放南路)。

1949 年 1 月 15 日,六区人民政府派教育组干部陈哲、刘超、金召首批接管了六区一保国民学校,改名为六区二街第二小学,由陈哲任校长。1949 年 10 月 1 日中华人民共和国成立后,学校定名为六区中心小学,先后由魏真、任树纲任校长,学校两处校舍发展到 10 多个教学班,数十名教师。

1952 年第六区在西南楼新村新建了一所六区中心小学,将该校部分干部和教师调去,于是将原六区中心小学改名为六区第十四小学。1956 年六区改为河西区,该校也随着改名为河西区台湾路小学。此时有 20 余个教学班,1000 多名学生。学校师资力量雄厚,语文、数学、自然、地理教学在市、区有较高的知名度。1975 年该校绍兴道 2 号校舍由区政府改为他用;台湾路校舍拆除后在原址盖起了两层楼的新校舍。此时有 12 个教学班,40 余名教职工,500 名左右学生。1976 年地震,新建的校舍严重受损。1978 年三中全会后被区政府命名为河西区重点小学。1993 年在市、区政府共同投资重建校舍,于转年 1 月18 日竣工。新校舍既保留了老校舍的德国建筑风格,又融入了现代特色,庄重典雅,秀美壮观。

该校长期形成了"严格治校、严谨治学、实事求是、讲求实效"的优良校风。校训是"诚""勤"二字。1995年该校被命名为"天津市首批义务教育示范校""天津市教学改革先进单位";1996年被评为"天津市红领巾示范学校";1997年被评为"天津市实施中小学日常行为规范示范学校";2000年被评为"全国中小学创造教育先进集体"等。据2006年统计,有教职工55名,6个年级,18个班,691名学生。

自1980年以来,每年都有德国"校友"回母校探望。有时几个人相约而来,最多一次有30多人。他们听课,参加学生活动,与师生合影留念,在纪念册上留言,赠送纪念品,栽纪念树等,表达了对母校的依依深情和对我国人民友好感情。20世纪40年代德国侨民学校有6对双胞胎,其中年龄最大的一对,是奥地利伯登斯坦太太和孪生妹妹哈克曼,2002年9月,她们作为天津人民的友好使者——"外籍同乡"回到母校,举着60年前在操场拍照的6对双胞胎的照片合影留念,谱写了各国人民友谊的新篇章。

附录:

一所新德国小学开办

一所新德国小学于昨天上午11点钟正式开学。德国领事,Knipping博士主持了一个盛大的由该校的学生和家长参加的集会。

一间在德华学堂大楼中已整修好的大屋子被保证用于小学的使用。这间教室享有独立的入口,教室中已经布置好课桌和通常的教学用具。

Dr.Knipping 向家长和孩子们发表了一篇精彩的开学致词,并感谢德国侨民积极资助了这所小学的成立。他说,主持这样一个开学典礼令他感到非常高兴。

Dr.Knipping 提议家长和孩子们向皇帝陛下致以三次欢呼。欢呼声热情洋溢。

德华学堂的 Aring 先生负责管理这所新小学。Beyer 先生是助教。除了普通的课程外还将增加运动、唱歌和图画课。

Erhhardt 女士仁慈地同意不取酬劳的承担图画课教学。

总教习 Ar ing 先生做了一个简短的讲话,感谢所有嘉宾的出席,并请家长们谅解在学校建立之初可能存在和不可避免的不足之处。任何的不足将随着学校组织机构的完善而改善。

最后,大家排好队,由 Franz Schol Z 先生为大家合影拍照。

学校开学时共有 11 名学生。学习已于昨天下午开始。学校委员会成员是: Knipping 博士 (主席),Schell 先生和 W0lcken(名誉财务主管)。

祝贺我们的德国友邻的新的机构的建立和组织的快速。考虑到在这里的德国孩子的数量的增长,这所小学将满足本地德国家长们的要求。

——1909 年 1 月 5 日《京津泰晤士报》报道(原文翻译照录)

杏林回眸

天津德美医院始末

德美医院是天津市河西区最早的西医医院，早年在天津设备先进，名医众多，可谓首屈一指。1924年12月。在德国驻华领事馆

天津德美医院

赞助下，由德国柏林医科大学教授海洛斯（又名海阁士）与伯瑞尔、苏尔滋及美国人皮斯陶、法克斯5人创办天津德美医院有限公司，共集资331股，每股美金100元，共计资本33100元，其中每位创始人各入两股。由海洛斯任院长、伯瑞尔任副院长。1925年1月29日，该公司在美国联邦尼瓦达州注册登记，其总公司设在美国诺华达邦喀桑城北喀桑路215号。

天津德美医院有限公司成立之初，由于资金不足，曾向英商先农公司抵押贷款，1924年2月23日，该公司以13695块

大洋永租华人朱桂山位于特一区 21 方 G 字段的 5 亩余地,聘请奥地利著名设计师盖苓兴建天津德美医院, 院址在特一区威尔逊路 260 号(河西区解放南路 314 号),原楼舍拆除前属天津河西医院的一部分。海洛斯取名为"德美医院"是为了取得美国医学界及美国罗氏基金会的支持与合作, 结果未能如愿。

早年的德美医院是天津著名医院, 其全套房屋是按海洛斯教授的设计要求修建的。这是一座颇具气魄的砖木混合结构的德式三层小洋楼,另盖有部分平房。该院设备先进,是专人从德国购进的一流标准产品。德美医院有病房 23 间,其中一等病房 10 间,二等病房 10 间,三等病房 3 间,共有床位 60 张。由于该院收费过高,所以来的患者多为在津的外国人和当地的达官贵人。

1926 年 2 月 18 日,德美医院曾将部分地产裁租给天津著名的美国律师爱温斯 (R.F.Evans)。1933 年, 医院发行债券65000 银圆,部分用来偿还先农公司债务,部分用于修缮医院和购买医疗设备。

德美医院有两位正式的德国医生:海洛斯和伯瑞尔。有一位狄大夫是犹太人。他的医术不错,担任一些上层人士的家庭医生。另外还有四位协助治病的中国医生,即潘其壎、李公范、李伯衡和李步峰,人称"一潘三李,四大金刚"。

海洛斯教授放弃德国的高薪高位, 孤身来中国创建德美医院。他资历深,技术全面,对病理学有较深的造诣;他医术高明,剖腹、淋巴结摘除、肠吻合术、截肢、子宫摘除、肺叶部分切除、胃部分切除和摘除一个肾等难度较高的手术都能做、善做。1934 年海洛斯患败血病去世。

伯瑞尔，1884年5月3日生于奥地利维也纳，为奥籍犹太人，在德国获医学博士学位，1920年9月以医学教授的身份来津，临床经验丰富，对治疗肺结核有独到之处。他精力充沛，为人谦和，乐于同人相交。他随身带着译员，除看门诊外，经常出诊，无论早晚，随请随到，定时查病房，态度和蔼，深受病人和家属的尊敬。他在津与其从事音乐教育的妻子伯古德相依度日，无子女。

德美医院从创建到衰落改组的30余年间，出现过两次全盛时期。第一次全盛时期是在1930年到1937年，那时各国租界的外国人多，在租界作寓公的军阀、政客、巨贾、清朝的遗老遗少多，当时医院业务很兴旺，收费虽高，住院部也经常满员，还经常请大夫出诊到公馆看病。1937年"七七事变"后，日军侵入，外国人纷纷离津回国，租界里的阔佬也相继南逃，医院便不景气了。1939年天津"白求恩"傅莱曾在此医院一面工作，一面参加抗日活动。

第二次全盛时期是在1941年至1942年。1941年，该院发行股票1000股，伯瑞尔的内弟美国人纽门，德国人埃开斯夫人、爱温斯夫人等，为认购200股以上的股东大户，汉纳根、盖苓、起士林、巴德等许多各国在津知名人士也纷纷入股加盟，该院财力大大加强。1941年底太平洋战争爆发，北平协和医院被日军占领，一些名医纷纷来津在德美医院应诊，他们之中有妇产科专家林崧、小儿科专家范权、肿瘤科专家金显宅以及卞万年、施锡恩、林必锦、关颂凯等名医。这些著名医生因为自己没有手术室、化验室、X光室及病床设备而与德美医院挂钩合作，来院应诊。由于医院人才济济，闻名遐迩，该院就医者大增，医院规模急需扩大。时正值美国著名律师爱温斯去世，医院遂于 1941 年 10 月 4 日以 278 股回购了其房产，并兴建了医院西楼，即河西区琼州道 38、40 号。该楼也是三层小楼，砖木结构，建筑面积为 735.40 平方米，共有 24 间房，多为员工住宅。此时，德美医院进入鼎盛时期。

该院鼎盛之时，被日本驻屯军盯上了，以该院拥有美国股份为名要强行接管。为了逃避日伪政权的接收，医院在形式上"清除"了美国人股份，又于 1943 年 2 月 22 日，将该院更名为"德华医院"。抗战胜利后，美军进驻天津，美国人恢复了股权，该院又恢复为"德美医院"。但因德、日、韩侨大多被遣送回国，该院中的德国股份被国民党政府冻结，经营一落千丈，于 1946 年被迫停业。5 月以美金 300 元将房屋及设备出租。院长伯瑞尔也迁居到了北戴河海滨石岭。租期届满后，1947 年 2 月 11 日，经董事会决定，医院秘书长美国律师东伯利曾一度代理德美医院并在美驻津领事馆登记，但实际管理人仍为在北戴河的伯瑞尔。

1949 年 1 月，又转租给在该院工作的中国医生潘其壎等组成的德美医院和记有限公司，仍称德美医院。1951 年 4 月，又改租天津市公共卫生局使用，由中国红十字会天津分会接管。1953 年初，伯瑞尔离境回国。6 月 27 日，该院由市财政局公产清理处将该公司全部财产实行代管，后与山东医院合并，建成了天津市红十字会医院，德美医院为红十字医院住院部。

1971 年在琼州道筹建河西医院，1974 年 10 月扩建竣工。1975 年 5 月 1 日正式开诊。原琼州道以北的德美医院旧址成为天津河西医院北院主建筑。

天津俄国医院历史沿革

　　天津前苏联公民协会医院前身是天津俄国医院，也被俗称为俄国医院、俄侨医院、苏侨医院等。据《天津通志·附志·租界》载，天津俄国医院于"1922年俄侨协会在租界内兴建，由俄国医生斯维里道夫任院长，1930年该医院迁至旧德租界牛庄路（今福建路），1945年改名前苏联医院，迁到塘沽路（今琼州道）"。

　　据王勇则先生考证，沙皇俄国驻北京公使 B·克鲁宾斯基在1913年10月3日颁布《俄国慈善协会章程》，第一条规定："协会驻地为天津。其目的是，为所有来到天津领事馆辖区（包括直隶、山西、陕西和甘肃诸省）蒙受贫穷或要求帮助的俄国臣民提供一切可能的援助。"在俄国十月革命后，大批白俄流入中国天津，该协会活动迅速扩展。1921年春（一说1922年）在天津俄租界罗曼诺夫路（1924年改称特别三区西锦路）1号，由天津东正教堂司祭魏克托尔协同俄侨协会（即俄国慈善协会），由巴图也夫等人出资，开办了俄国医院。同时还兴建了子弟小学、养老院、幼稚园、孤儿院等社会福利组织。俄国医院接收俄国病人，收费低廉，对有特殊困难者还实行免费。医院设有男女两个病房，各 10 张床位，执业医师有 H·阿尔诺里多夫、И·邦克、M·图里耶维奇等。协会还为穷困潦倒的俄国侨民提供宿舍，开办廉价食堂。到 1923 年，享受该协会救济的俄侨有 500 人之多。俄国医院医术较高，为患着服务周到，1930 年外迁前不少外国患者到俄国医院就医。

1930 年俄国医院迁到特别一区牛庄路(1946 年改称第六区福建路)，同时外迁的有俄国学校。1930 年时俄国学校由小学发展为七年制中学，迁到英租界(今建设路)巴图也夫捐赠的房产内。

抗战胜利后又迁至特别一区塘沽路 (1946 年改称第六区琼州道)，改名前苏联医院，由著名的全科医生如斯维里道夫出任院长。他还常应约到犹太医院、私立恩光医院、天和医院参加疑难病症会诊。后由内科医生车尔丁采夫继任院长。20 世纪三四十年代，俄国医院成了有钱有势人的休养所，经常包住单人病房，出高价雇用特别护士，妻妾陪同。

在天津行医的白俄医生，几乎各科俱全。挂牌行医的白俄医生也是很多的，如外科医生涅利斯基、小儿科医生史国布林、妇科医生普洛茂普托夫……神经病科女医生拉赤阔夫斯卡娅、皮肤花柳病科医生林契斯基、眼科医生海敏斯基、牙科女医生易卜拉吉莫娃、牙科医生巴拉诺夫等。还有李好曼诺夫在英租界宝顺道(今太原道)开设一个假肢所，勒窝夫在今解放路搞了一个病理化验所。另外，白俄妇女担任护士的也不少。

第二次世界大战结束后，前苏联当局采取一系列措施，加强在华苏侨管理，以增进其对中国的影响。1946 年起，前苏联当局在上海、天津、青岛等苏侨聚居地，"相继恢复一些因日本侵华而停办的前苏联侨民协会,或接收俄侨公会,或新建苏侨协会"。1945年底,前苏联当局接收天津俄侨公会,改为前苏联公民协会,白俄商人拉赤阔夫斯基曾担任会长。天津前苏联公民协会一度势力较大。如,天津犹太人俱乐部(又称"犹太公会")即归其管辖。天津的前苏联公墓也由天津前苏联公民协会管理。天津前苏联医院于1946年5月16日改称天津前苏联公民协会医院,院长为俄籍人瑞池润斯开(A.P.Rach Kovs Kags.H.D)。1948年前苏联医院负责人为洛文司克亚,病床23张,院址一度在六区大沽路。

天津解放之初,前苏联公民协会医院运转正常,并经天津市税务局批准,免征1949年度工商业税。天津《河西区志》载,

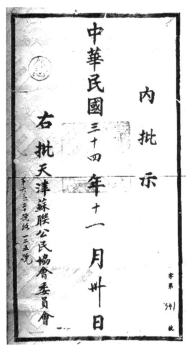

天津前苏联公民协会委员会

"前苏联公民医院由前苏联侨民协会开办。地址在河西区琼州道,即今河西医院院址。1954年由天津市人民政府接管,合并于天津市红十字会医院。"

前苏联公民协会医院被归并,主要原因是居津苏侨锐减。《天津通志·公安志》载:"1949年初,居津苏侨有1935人,占全市外侨的53.14%,多为加入苏联国籍的沙皇俄国侨民。因前苏联是首先同中华人民共和国建立外交关系的社会主义国

家,根据中央指示,在管理方面少给限制,允许'前苏联公民协会'团体存在。在申请加入中国籍问题上,也予以照顾。1954年5月12日政务院发出指示,要求各地协助前苏联政府将留在中国的苏侨分批送回前苏联参加社会主义建设。5月17日,天津市成立了'协助苏侨回国委员会',由万晓塘、娄凝先任正副主任,办公室设在市政府外事处,市公安局、市中苏友协均派员参加。根据前苏联驻天津领事馆提供的申请归国人员名单,市公安局为496名苏侨办理了出境签证手续。5月28日,天津市协助苏侨回国委员会为第一批回国苏侨在中苏友协举行了欢送会,6月1日启程回国。至8月18日,共送走十批434人回国。未获前苏联领事馆批准回国的有66户105人,主要原因是大多数为没有劳动能力和回国后不好安置的人。"

徐抡一院长1987年撰文《第一医院及红十字会医院变迁片段》:"1953年春季开办天津红十字会医院,系由旧山东私立医院、德美医院、苏联公民医院三个破旧摊子组成的,即现在河西医院大营门骨科分院址。原红十字会医院的人员,在'文化大革命'初,都转到现在的第二医学院附属医院(原市立第五医院,后改称韶山医院)。"

雷大夫诊所
——记雷振汉、雷爱德父子

　　雷振汉、雷爱德父子曾于 1924 年、1945 年相继任天津马大夫医院（今天津肿瘤医院、天津医院的前身）院长，是天津家喻户晓的著名医学家。

　　雷振汉（1887－1938），字舜笙，湖南省衡山县人。其父雷震龙，是一位私塾教师，也是一名基督教徒。小振汉 4 岁随父读书，十岁能写文章。11 岁参加童子试，13 岁到衡阳外国人柯美格夫人处学习英语，准备报考汉口博学书院，正逢英国医生贝实德在衡阳开办基督教教会医院需要助手，就到医院工作。因其聪明睿智，勤奋好学，深得贝大夫赏识。1906 年贝大夫回国，雷振汉被介绍到汉口大同医校学习，毕业后介绍到基督教教会办的汉口协和医院成为一名医师。他技术高超，视患者如亲人，深受同事的赞许和患者欢迎，成为该院的主力。1913 年他跟随医校老师贝克医生，受英国教会派迁到天津基督教伦敦会施医院（马大夫纪念医院前身），贝克医生任院长，雷振汉任外科主任，为该院唯一的中国医师。

　　雷振汉外科医术高明，将西医与中医结合应用于临床，每天找他看病的人络绎不绝，方圆数百里的人都找他看病。有的

1936年9月15日举家迁入建于1931年的天津特一区住宅

雷大夫诊所(特一区杭州道15号)

病人到天津下火车后，一说找雷大夫看病，人力车夫就知道拉到雷振汉所在的医院，可见他声名显赫。1924年，雷振汉担任马大夫医院院长,为中国人担任的该院第一任院长。他上任后,对中国贫穷患者制定倾斜政策,规定每日在门诊设一定数量贫穷患者免费挂号牌,同时设立一间病房专门收治贫困患者,免收或减收医疗费。雷振汉的做法,表面影响了医院收入,引起外国医生不满。雷振汉于1934年愤然脱离医院开办雷大夫诊所。在法租界12号路(圣路易路,今营口道)137号开办了雷大夫私人诊所。这是租赁的一处前后两栋砖木结构小洋楼。前楼首层是诊室,上层是自家住宅;后楼是病房,顶层是医护人员宿舍。主要助手有:雷爱申(实习生,亲属,后回宜昌)、徐亚伦大夫(女)等。

　　1934年雷振汉大夫发现自己患淋巴喉颈癌,在北京协和医院做手术和化疗。他虽然往返京津两地,仍坚持诊所工作,但日常业务多依靠徐亚伦大夫打理。1936年别墅式自宅楼院落成,9月15日全家搬进特一区(今河西区)杭州道15号,并挂牌"雷大夫诊所"。该宅院临居士里,隔马路对面是杭州道小学。该别墅是格局相同的连体三层小洋楼,由法国人设计,前楼第二层为诊室、办公室。

雷振汉于 1938 年 11 月 8 日病逝，基督教会举行了隆重的雷振汉先生追悼会，天津各大报纸专题刊登了消息和评论，英文报纸《时报》刊登文章，详细介绍雷振汉医生的一生，高度评价雷振汉在医学事业和基督教会工作中所做的贡献。

雷爱德是雷振汉长子，1912 年 6 月 30 日在汉口出生，一周岁后随父母来到天津，在天津新学书院读书，1931 年考入燕京大学医预班，1934 年考入北京协和医学院，曾在其附属医院与全国知名肿瘤专家金显宅同事。1939 年协和医学院毕业后来到天津马大夫医院做见习医师。1941 年 12 月太平洋战争爆发后，日本接管天津马大夫医院改为"同仁会天津诊所"，主要收治日本伤员，雷爱德不愿为日本人服务，愤而辞职，重操父亲旧业，自己开办雷大夫诊所，擅长泌尿外科。1945 年抗日战争胜利后，该院一度改名为"天津市政府卫生局临时第一医院"，不久恢复"马大夫医院"院名，由基督教伦敦会管理，雷爱德被聘为代理院长兼外科主任。1945 年接受联合国救济总署的任命，参与了华北地区战后剩余物质的分配。天津解放后雷爱德将马大夫医院交给国家，改名为天津市立人民医院，他仍然担任院长。

1950 年 10 月雷爱德参加天津抗美援朝医疗队，为普通外科组组长。1951 年天津医学院成立，他应朱宪彝院长的聘请，到天津医学院任代理教务长。不久他为了创建天津医学院医学摄影专业，毅然辞去了天津市立人民医院院长职务，担任教材科科长兼医学摄影室负责人。因雷爱德喜爱摄影，特别是医学摄影，拍摄了大量医学摄影胶片，成为中国医学摄影先驱和奠基人，医学院摄影室成为全国医学院校学习医学摄影的基地。他开办医学摄影技术学习班，接收全国进修人员，培养了一批批医学摄影人才。他参与筹建中国摄影家协会，曾在《中国摄影》创刊号上发表彩色摄影作品《昆明湖之夏》，为当时稀有的彩色摄影佳作。在《中华医学杂志》上发表过多篇医学摄影作品和论文。他还精心为肿瘤专家金显宅教授拍摄了彩色教学片《乳腺肿瘤切除术》，为张天惠教授拍摄了彩色纪录片《心脏直视手术》，在国际学术会议上展示了我国具有世界水平的新成就。他还制作了一套4000张的临床学科"人体八大系统疾病"教学幻灯片。1956年为骨科专家方先之教授拍摄彩色立体教学片《髋关节结核病灶清除术》，这部影片成为我国首部彩色立体教学影片，雷爱德因此成为我国拍摄彩色立体影片的开创者。他还计划编著《医学摄影》一书，并已完成部分章节，1966年被迫终止。1966年8月30日雷爱德心脏病复发不幸去世。1978年12月，天津医学院为雷爱德平反昭雪，转年3月7日在天津烈士陵园举行了隆重的骨灰安放仪式，朱宪彝院长亲自修改悼词并宣读，高度评价了雷爱德的一生。2007年雷爱德被追授"中国医学摄影终生成就奖"。

"天和"
——天津的协和

　　"天和"——天津的协和。天津市天和医院诞生于1942年。1941年12月太平洋战争爆发后,北京协和医院一批著名的爱国专家张纪正、柯应夔、邓家栋等人来到天津,创建了天和医院,寓"天津的协和"之意。它集国内外医学之精粹,培养了一批又一批的医学人才,造就了安若昆、陈佩璋、王今达、孔令震等一大批医学专家,挽救了无数患者的生命。当时,民众皆知"北京有协和、天津有天和"。初建时,资金、设备、房舍、人员等诸多方面步履艰难,曾有放弃之念。津门慈善家雍剑秋先生闻知此事,主动上门惠助。他们几个人当即拍定,在津门建医院乃利民之举,此事必办。在雍剑秋先

天和医院旧址(原西湖饭店)

生多方运筹下,以马场道原西湖饭店旧址作院舍,又幸得津门社会各层人士支持,帮助购置或借用办公家具、医疗器械等,以解燃眉之急。经过数月筹备,医院改建完工并完成注册,于1942年7月1日正式开业。医院设内科、外科、骨科、妇产科等,共有病床100张。由方先之、张纪正、柯应夔任院长,轮流主持医院院务,并分别在科室应诊。

1945年8月日本投降后,天和医院于1946年组建董事会,扩大医院规模,附设护士学校,其办院宗旨为:"以完善的设备、优良的技术、崇高的道德、合格的费用,以治疗疾病服务社会;协力政府推进卫生行政,灌输医药常识,以求民族健康;赞助社会救济事业尤关于贫民施诊多所致力;提倡科学之医学教育,从而开办学校教育,育英才发展医学。"

这时的私立天和医院如日中天,在医院管理方面仿效北京协和医院,医护人员和行政、后勤人员的配备比例合理规范,工作效率高,医疗效果佳,临床护理方面也是一流,已超过当时的市立医院,名闻津门,求医者络绎不绝,有时竟一号难求。

1949年中华人民共和国成立后,私立天和医院重获新生,由私立医院改成公立医院。1956年11月1日,天津市公共卫生局经天津市人民政府批准,将私立天和医院与邮电医院、恩光医院等7家医疗机构和科室合并成立天津市第一中心医院。从那时起,原私立天和医院马场道老西湖饭店旧址挂上了"天津市第一中心医院分院"的牌子,用作妇产专科部使用,由著名妇产科专家柯应夔、林崧先生领衔。

1985年,天津市第一中心医院扩迁至南开区复康路新址。原该院睦南道122号综合部旧址于1993年4月8日重建新天和医院。

新天和医院是一所集医疗、教学、科研、预防保健、院前急救于一体的以急救医学和血管外科学为特色的市级三级医院,天津市医学高等专科学校附属医院,天津市医科大学教学医院。交通事故定点医院,天津市城镇居民基本医疗保险、生育保险及商业保险定点医院,新农村合作医疗定点医院。

该院设有400张病床(含ICU,CCU床),日均门诊量逾千人。设有急救医学部(三衰)、内科(呼吸、心血管、消化、血液、内分泌、肾病、脑内等)、普外科、血管外科、泌尿、骨科、妇产科、干部保健、脑系、耳鼻喉、口腔、眼、中医针灸、理疗、皮肤科、烧伤整形、麻醉、营养科、急诊科等临床专业科室,以及B超中心、介入医学、影像医学、临床检验、病理、药剂科、病案统计等9个医技学科。为天津市急诊ICU质控中心和放射性影像医学周围血管疾病介入治疗应用及研究基地,在临床医疗方面取得了长足的发展。血管外科已成为全市卫生系统的重点发展学科,对复杂、疑难的血管疾病,血管移植,周围血管介入治疗等已达到国内先进水平。该院受国家卫生部和中国中西医结合学会委托,承办了国家级学术期刊:《中国危重病急救医学》杂志及《中国中西医结合实用临床急救》杂志。

该院现拥有国际先进的医疗设备,为临床医疗和科研提供了可靠的保证和重要的依据。有当前最先进的抢救监护设备,为危重症抢救提供了设备保障。该院拥有一支老中青相结合的技术精良的队伍。其中具有高级专业职称者120余人,并聘请了国内著名医学专家客座。天和医院急救医学科在完成了本学科的工作外,还承担着天津及华北地区的重大抢救工作。该院成功地组建了中俄心脏外科中心,引进了七名俄罗斯心外科专家组团与该院长期合作，开展心脏外科手术技术，填补了医院心脏外科的空白。

近年来该院加大了学科建设方面的人才引进，特别在神经外科方面，成功地引进了曾在美国佛罗里达大学医学院接受过三年多的高水平博士后训练、北京天坛医院、中国工程院院士王忠诚教授的博士生李小勇博士，开展急性创伤性颅脑损伤和脊髓损伤、脑积水、颅骨缺损修补的手术治疗；自发性颅脑出血性疾病、高血压性脑出血的手术治疗；急性缺血性脑血管病、肿瘤手术治疗；小儿和儿童神经外科性疾病：脑积水、肿瘤，脑、脊膜脑膨出、马尾栓系综合征等；急性脑脓肿、脑囊虫、脑积水手术后的感染和分流管难治性梗阻等并发症的治疗，使天和医院神经外科有了新的突破。连续多年承担着天津市政协会议的医疗保健任务，受到市领导的高度赞扬。

该院于1998年通过了天津市教委组织的医科大学临床教学医院的评审，承担了天津医科大学、天津市职工医学院的临床教学任务，同时为天津市全科医师临床培养六大基地之一。该院通过了全国百姓放心医院和市卫生局组织的市级文明医院达标评审。

根据天津市卫生局医疗机构区域划分，该院作为以综合性急救为特色的三级医院，与和平区、河西区等区属二级医院签订了双向转诊协议，形成了社区急救网络。与"120"合作形成了院前急救体系，保证了患者得到及时的抢救和治疗。

2012年天津市卫生资源调整，原天津医院与天和医院合并组建为新的天津医院。

从"山东会馆"到"山东医院"

　　望着大沽南路上的河西骨科医院大楼，恐怕很少有人知道此地在20世纪30年代曾是天津著名的"山东会馆"。当时天津的山东籍人达10万多。1933年春，山东巨商、盛锡福帽庄经理刘锡三，《大中时报》社社长徐皆平等建议成立山东旅津同乡会，兴建山东会馆，进而扩建山东公学，兴办救济和医院等福利事业。他们暂借南市杏花村庆喜里9号原山东登莱旅津同乡会会址成立山东旅津同乡会，会长为吕海寰，副会长刘锡三、董政国、常勉斋、徐峄山，主任董事徐皆平、孙传芳等25人，另聘请于学忠、潘复、靳云鹏、宋哲元、张自忠等名人为名誉董事。

旅津山东同乡会欢于孝侯主席暨刘孝同参谋长纪念

摄于1932年9月25日

董事会选定现河西骨科医院址兴建山东会馆。此地当时是特一区海大道95号(今河西区大沽南路365号),原为一处大院,系地毯商薛某的房产,计占地4.96亩,有大小房间30余间,包括主楼上下两层,8间正房,院内东北角另有小楼一座,院落地势宽阔,有树木花圃,售价31500元。董事会靠捐款、贷款及发行"六厘债票"等付清房款,破土动工兴建会馆,先建临街二层楼房20余间,临街大门上筑骑门楼,门额上镌有"山东会馆"四个大字,雄劲有力。临街门面房租给大通印书馆等商号和部分住户,会馆以房租收入全部充作经费开支。1940年5月,董事会为纪念筹建会馆出力出钱人士,请陶玉耕先生为文记叙建馆始末,镌之于会馆院中影壁之后,并筑有小亭覆盖石碑,碑亭上铺琉璃瓦,典雅美观。石碑正面正文最后署名"山东诸城刘大同"(清末辛亥年在东北长白山揭竿起义的名人),石碑反面刻有捐款人名单。现此碑保存于天津历史博物馆。

山东会馆设立秘书、会计、外勤、内勤各一人。山东会馆的会员分两种:一是个人会员,二是商户会员(即集体会员)。个人会员和商户会员又各分甲、乙、丙、丁四等。会员的义务是交纳会费、介绍会员,为同乡办事等,会员的权利是参加每年一次的全体大会,碰到临时困难可以随时找会馆代为帮助解决。

山东会馆成立后,同乡中子女要求入学者逐年增加,原先由徐皆平1932年在黄家花园明德里创办的"山东公学",校舍狭窄不敷使用。1940年经人介绍觅得会馆附近特一区芝罘路(今河西区苏州道)两个大四合院。该处系烟台商业公会会长张子樵的房产,以同乡之谊只索价9万元(伪联币)。此房地势宽阔,适合学校应用。通过向山东在津各大商号募捐,很快凑齐9万元交付张子樵,将该房契过户给山东会馆。经过拆旧盖新，按学校布局改建成教室和办公室。山东公学当年迁到此地，扩大班次，增聘教员，添设教学设备，招收新生，教学质量不断提高。该校校风朴素，师资水平高，家长都愿意送子女到该校就读，当时校内高年级有不少远路慕名而来的学生。1948年后，山东会馆董事长毕鸣岐将山东公学改名"津光小学"，经费靠毕鸣岐向工商联募捐资助来维持。1953年津光小学收归区办，后改称河西区苏州道小学。

1937年"七七事变"后，天津沦陷，山东会馆大楼曾一度被日本人强占，成立伪华北电业公司，只给会馆留下院内东北角的小楼房办公。为了设法收回会馆的产业，只有在此成立一个慈善救济性质的、各科俱全的、有足够规模的医院才能有理由设法找日本人交涉，将电业公司挤走。董事会从1939年开始筹备，一方面托人向伪市公署再三说项，取得内部支持；一方面通过各种渠道筹措开办医院的基金。通过多方工作，1942年日伪华北电业公司终于迁出，董事会当即按正规医院对原建筑进行改建和装修，突破重重困难，筹建山东医院。1945年秋日本投降不久，山东医院正式挂牌开诊。院长为著名胸外科专家张纪正。该院因入不敷出，经费无着，1949年前曾二度停诊。1949年1月15日天津解放，当时山东会馆及山东医院仍处于无力维持的停顿状态，会馆留守人员张国良去找市工商联主委毕鸣岐（毕原系山东会馆甲种会员，热心赞助者之一），向他陈述会馆和医院的窘境，请他来会馆和医院视察，设法帮助恢复。会馆邀请部分旧董事开会，一致推举毕鸣岐担任山东会馆董事长，改选于东川为理事长主持会务。毕鸣岐大力支持医院恢复开诊，他为医院捐资，还捐献出个人很多木料来维修医院内部设施，并在工商界广泛募捐协助医院复诊。他主持将山东医院改组定名为津光医院，由赵孝博任院长，徐抢一任副院长。聘请各科专职医生，找回离院的大部分员工，经过筹备重新开业应诊。

1953年山东会馆的产权自愿交给政府，医院由卫生局接收。因原医院主办方属社会群众组织，医院遂也交由属群众组织的天津红十字会管理，原津光医院遂改名为天津红十字会医院。1953年，该医院扩建为天津红十字会医院。后德美医院、前苏联公民医院相继并入，此处改为红十字会医院内科病房，后又改为内科住院部。1966年"文革"时红十字医院又更名为"韶山医院"，迁至河西区马场道与九江路之间。先后更名为天津医学专科学校附属医院、天津第二医学院附属医院住院部、天津医科大学附属总医院。医院虽多次更名、变迁，徐抢一一直任院长直至退休。而山东会馆、山东医院旧址于1966年"文革"时建大营门卫生院，1976年地震后翻盖为四层大楼，更名为河西骨科医院，1991年开设内科病房。1992年改为"河西区第二医院"（河西区骨科医院），成为以骨科为主的综合性医院。

文化长廊

德国俱乐部故事多

2007年是天津德国俱乐部（今天津政协俱乐部）建成百年，在原德国俱乐部北侧新增建了两幢连体楼宇，三座新老建筑风格一致，均

20世纪初的德国俱乐部（今市政协俱乐部）

为德国新罗马风式的建筑，连为一体，统称天津政协俱乐部。成为正在开发建设的德式风貌区中心地带靓丽的一景。

天津德租界德国俱乐部，也称德国球房、德国总会，康科迪亚俱乐部。其二楼走廊墙壁刻有解释"康科迪亚"含义的拉丁文："同心同德则盛，离心离德则衰。"

该俱乐部于1905年5月动工，1907年7月竣工。由德国建筑师罗克格（Curt Rothkegel）设计。占地6330平方米，建筑

面积为 3922 平方米,是三层砖木结构,造价 15 万两白银。德国俱乐部属于新罗马风式建筑风格, 在造型及装饰上具有显著的日耳曼传统色彩。入口有石砌半圆连拱券廊,用成束的短柱子支撑。一层窗台至室外地坪以及门窗券皆用天然石料砌筑。门窗多是半圆拱券,系德式建筑造型。二层窗户都是双连拱券及三连拱券,三层局部有突出的山墙装饰。木屋架、牛舌瓦、瓦陇铁皮屋顶,顶层用方塔楼。北边有两个圆形塔楼,南边又有一个圆形塔楼,都有罗马风的特色,这些都是德王威廉二世所酷爱的新罗马风建筑风格。很遗憾,1976 年大地震时被震损,后来修复时没有修旧如故,把窄高的连拱券窗改成宽的方形窗,有特色的圆塔楼也被拆毁了。据天津大学建筑系著名老教授周祖奭先生讲, 德国高校教师及建筑师前来参观时都感到很可惜,希望能恢复原貌。

德国俱乐部楼梯间是室内装修的重点。利用楼梯的复杂形体变化和空间的穿插,对楼梯的立柱、栏杆等,饰以精美的雕刻。栏杆做成由华美小立柱支承的两跨连续的小拱券。中间还夹有雕刻云彩头的实心小栏板,两侧立柱雕刻有绞绳状花纹,上面各有一座雕像,右者右手执矛,左者左手执盾,雕像做工精美华丽,别有特色。另外,还有两座辅助楼梯可由地下室直通三楼阁楼间。大厅和过道都以半圆券和椭圆券承重,尤其在大厅交汇处更为壮观。壁炉、吊灯、木护墙板以及券脸、券脚、腰线、装饰灰线等均吸取了巴洛克式的装饰手法。

德国俱乐部的首层为酒吧、台球房、舞厅、图书阅览室、衣帽间等;二层以礼堂为主,面积约 250 平方米,另有酒吧间、会议室等;三层为厨房,可用升降机将饭菜送至一、二楼,其阁楼间是工作人员的宿舍;地下室有锅炉房、茶炉、浴室和小型餐厅；后院有保龄球房及露天网球场。1907年德国俱乐部建成后，即成为德国侨民的政治、社交、娱乐中心。德国人在这里举办化装舞会、圣诞节狂欢、为孩子们的演出……2003年著名作家航鹰到德国考察，从天津近代名人汉纳根的外孙孙郎格先生那里，获得了五六张老照片，真实地记录了近80年前发生在这里的历史画面。其中一张是在二楼礼堂的舞台上，当年汉纳根夫人正主演普契尼的歌剧《图兰朵》。《图兰朵》的故事始见于17世纪波斯无名氏的故事《一千零一夜》和《图兰朵》。1762年，意大利剧作家卡罗·哥兹写出了歌剧剧本《图兰朵》。之后，德国著名诗人席勒用德文翻译了该剧本，并且进行了改编，这便是新的德文版名剧《图兰朵》。德国在天津的历史名人，像清朝北洋大臣李鸿章的外交顾问古斯塔夫·德璀琳和他的女婿康斯坦丁·冯·汉纳根都曾是这里的常客。

　　1914年第一次世界大战爆发，1917年中国政府对德宣战，并宣布收回德租界。1919年德国战败，在津的德国侨民被遣送回国，德国俱乐部从而宣告结束。后来，有俄国人承租俱乐部房产，改组为大赌场。这座赌场以三十六门转盘赌为主，也有扑克、牌九、麻将等。赌徒以外国人为多，也有少数华人。由于这个赌场地点适中，设备齐全，具有餐厅、舞厅，所以顾客盈门，生意十分红火。1921年5月，中德两国恢复邦交，德国商人重新来天津做生意，随着德国洋行的日益增多，德国人也多了起来，恢复后的德国俱乐部又成了德国侨民的活动中心。直到1945年5月德国在第二次世界大战中战败，德国侨民被遣送离津，德国俱乐部再度宣告结束。

　　1945年9月，作为中国盟军的美国海军陆战队在塘沽登陆，名义上是协助中国接受日军投降，实际上是帮助国民党抢占失陷的华北、东北地盘,以抵消共产党的势力。国民党政府为讨好美军,特意把德国俱乐部的房屋拨给美国红十字会使用,为美军提供一处游乐场所。1947年6月,美军从天津撤退,国民党政府又将该房屋拨给临时参议会使用。1948年6月,临时参议会升格为正式参议会。

1949年1月15日天津解放,国民党参议会解散。其房屋、设备等财产由人民政府接收。先是人民政府交际处在此办公,继而在1952年拨给天津市各界人民代表会议协商委员会使用。1959年又在此建立中国人民政治协商会议天津市委员会,一直使用了30多年。在巩固扩大爱国统一战线,实行多党合作、政治协商、参政议政等方面发挥了巨大的作用。1989年市政协机关迁出,将原建筑物改建为市政协俱乐部。天津广播影视艺术团爵士乐队是一支天津最早的爵士乐队,他们由七名艺术精湛、一专多能、平均年龄已55岁的中国音协会员、音乐家、演奏家组成。这个乐队曾常在市政协俱乐部演奏。

这座楼,始于俱乐部,终于俱乐部,看来是个历史的巧合。楼房依旧,物是人非,折射出时代的变迁,颇耐人回味!

光陆影院与圣安娜舞厅

光陆影院
(今市政协委员活动中心)

今解放南路市政协俱乐部旁为市政协委员活动中心,其前身曾是光陆影院与圣安娜舞厅。

光陆影院要追溯到早年的大华影院,是由天津最早的房地产开发商、电影实业家库拉也夫创建的。美籍俄国人易·库拉也夫,又名固莱宜夫、寇来夫,系俄国十月革命前早期侨居天津的白俄人,1894年中日甲午战争以后来到天津,先在河北大经路(今河北区中山路)开设工厂,经营机器制造业,颇有积蓄。1900年后,转向房地产投资,先在俄租界买地盖房,用来出租。接着在德租界威廉街(现解放南路)开设易古父子洋行,经营机器制造业和房地产，现解放南路从宁波道到奉化道的西侧直到台北路的德式风貌建筑有他大量不动产，除自住外，大部分房产出租。1916年10月在德租界威廉街建起了一座豪华电影院——大华电影院，自任经理。影院占地面积1334平方米，建筑面积2553平方米，楼房呈长方形，三层砖木结构楼房，南部顶端矗立着一座高达7米的钢梁锥形瓦楞塔顶，从远处望去，格外引人注目，为一座典型的俄罗斯式风格建筑。影院设备讲究，装饰豪华，有宽敞的前厅，前厅靠街有半圆窗户，窗口饰有浮雕，楼内有回廊，前厅华灯高照。木楼梯的立柱有雕花饰纹，并铺有地毯。楼下有镶花的精制方形木柱。该影院楼下陈列并出售机器。二楼是电影院，观众厅顶棚为曲线形造型。场内宽阔，有800多座席，为藤条座椅，十分舒适。地面有坡度，前低后高，地面用花砖铺设。

该影院主要放映美国"米高梅""福克斯""雷电华""派拉蒙"等影片公司的影片。美国环球影片公司出品的经典影片《西线无战事》，以深刻的思想内涵和精湛的艺术成就创该影院最高上座率。二楼侧面还设有圣安娜舞厅，有乐队伴奏，有白俄舞女伴舞，每当入夜，灯红酒绿，笙歌曼舞。早年张学良和赵四小姐曾到此舞厅跳过舞。影院三楼是放映机房和经理办公室，三楼屋顶上是一个300多平方米的大平台，夏季开设过露天舞场。有从楼下一直贯到三楼露天舞场的豪华电梯。该院是天津最早装有电梯的影院，拆除前还保留有装电梯的痕迹。

该影院每日放映三场，票价昂贵，前排5角、中排7角、后排特座1元，相当于当时半袋上等面粉的价钱。影院环境幽雅，服务周到，设有衣帽间，可存放衣物。有休息厅可小憩，并免费赠送影片说明书。该影院的主要观众是租界的外国人和住在租界的寓公、商人等。末代皇帝溥仪夫妇、民国大总统黎元洪、徐世昌、辫帅张勋等都到过该影院观影。

在 20 世纪 20 年代,放映的是无声影片。原版外国影片除打中文字幕外,在银幕前设有乐台,由十几个俄国人组成的乐队,根据影片的内容演奏乐曲,烘托气氛。

1930 年 1 月 25 日,"大华"有声电影开演,所用电影放映机为"西尼风"(Cinphone),是当时最新最佳的有声电影放映机。该院所演的第一部有声片是歌舞片《群英大会》,继而在春节上映五彩音乐有声片《万古流芳》。

1931 年大华影院更名光陆影院。光陆和平安(今音乐厅)、蛱蝶(今大光明)媲美,同是天津的一等影院。同年 5 月 31 日,该影院在天津首映我国第一部国产有声片《歌女红牡丹》,该片由著名影星胡蝶主演。映出盛况空前,观众的私人汽车从影院旁的徐州道一直排到海河边。

1938 年,影院遭遇火灾,剧场观众厅被付之一炬,据说大火是因为天津杀奸团闻讯日伪当局要没收影院,归日商华北影片公司经营,就提前下手,纵火烧了这座影院。歇业一年后,于 1939 年年中在原址上鸠工重建,1939 年冬季新厦落成,可容观众 600 余人,更名为光华电影院。美国环球影片公司驻津代表李秉元(华人)入股,雇用院务主人及华籍经理分任处理全场事务。与派拉蒙、环球与哥伦比亚三大片厂签订长期头轮合同。1940 年 2 月 3 日开始营业,改建后的影院为一座三层钢筋水泥结构建筑,仍是典型的俄罗斯建筑,但融有现代化风格。银幕改为坐北朝南,将 20 排后的座席改为阶梯式,座椅改为布面弹簧椅,别具一格。先以环球名片《乳莺出谷》为第一声,未数日因各方手续有未办妥者,及其他修理电机等事又歇业数月,5月10日重新开业,遂成一帆风顺。在派拉蒙的卡通片《小人国》上映后,影院声势为之一振,地位逐渐得到巩固,与平安、大光明形成三足鼎立之势。其楼上还继续设立圣安娜舞场。

1941年末,日本军国主义发动太平洋战争,对美宣战,日伪当局对美籍人库拉也夫经营的光华影院实行军事管制,由日人村井清、山田、今田三先后任经理,专门放映德、意、日的影片。

1945年8月,日本投降后,光华影院日方经理撤走,影院一度停业。不久,库拉也夫再次来津经营影院,更换放映设备,于1946年1月6日重新开业。此时,由易古洋行经理白俄人什那布基斯兼任经理。1948年由影院原副经理、白俄人V·蒋宝接任经理。

1949年1月15日天津解放。不久,库拉也夫的儿子小易·库拉也夫与前苏联影片输出公司驻中国总经理邬克文和公司驻津代表西米诺夫达成协议,1950年,该影院租给前苏联影片输出公司经营,专映前苏联影片,更名为“莫斯科影院”。1952年经前苏联影片输出公司与中国电影发行总公司洽谈,将该影院无偿移交中国经营。由天津市文化事业管理局电影科副科长、著名作家周骥良办理具体交接手续。同年12月,由天津市文化事业管理局方纪局长出席交接仪式,莫斯科影院正式移交中国,何顺铭为第一任中国经理。1958年7月,该影院下放归河西区领导。1969年莫斯科影院改名为北京影院,为我市的特级影院。1990年经过装修改造,由市文化局定为“特级影院”。2009年改扩建为市政协委员活动中心。

荣园三件宝
——咏诗亭、中和塔、藏经阁

今年是荣园（今人民公园）建园155周年。如今之人民公园是天津市内唯一留存的盐商兴建的清代私家园林，建于清同治二年（1863），至今闹

天津市内唯一仅存的清代盐商兴办的私家园林荣园（今人民公园）

市中的绿宝石人民公园还存有荣园三件珍宝——咏诗亭、中和塔、藏经阁。

咏诗亭位于园的中心部位，始建于1866年（清同治五年），最初为赏月亭，是李氏家人夏秋时节，汇聚在一起，乘凉赏月，休闲娱乐之地。其后为咏诗亭，是天津大盐商李春城广泛结交的文人墨客，畅饮抒怀，吟诗作赋之所。之后，日久天长，枫清艳丽，环绕其亭，改名枫亭，现为显密圆通殿，建筑风

格为清式建筑,是南北建筑的和合之作,彰显了天津清末时代古建筑营造技术水平,充分显示了天津古建筑独特的地方风格。

中和塔是人民公园的标志,位于人民公园的西北部的山上,始建于1872年(清同治十二年),是依据江南西湖宝石山上保俶塔而营造的,建筑风格为清代建筑。平面布局为六角形,十一层青砖砖砌筑的密檐实塔,全高8.1米,主要由三部分组成,即塔座、塔身、塔刹。中和塔以它的婀娜多姿、亭亭玉立、挺秀优美姿态,彰显园中环境的幽雅。中和塔下景色宜人,绿树成荫,繁花似锦,湖光山色,悦目秀丽。其上占天时、中占人和、下占地利,构成了一幅自然祥和的美好画卷。

南有宁波天一阁,北有天津藏经阁。据《藏经阁修缮记》载,该阁建成于清光绪十二年(1886),位于荣园(今人民公园)的东南隅,飞檐斗拱,雕梁画栋,朱漆门窗,典雅秀丽。有江南之秀,亦具北国之雄,是天津园林古典建筑史上,难得之实物例证。占地面积150.51平方米,建筑面积191.65平方米,全高14.2米。阁共三层,中层为藏书之地,四周环以外廊,可以尽览园中风光。藏经阁,本是释道寺观中正殿大雄宝殿后建筑,是用来专藏释道经籍的。李氏仿其意,藏经阁便成为李氏延古堂藏书楼。

《荣庆日记》丙辰年(1916)三月十一日记"李园之游"曰:"桃花烂漫,柳色青葱,始在西边园亭,继在东边书楼久赏。"这里说的书楼,就是藏经阁。

谈到李氏藏书,据王重民《中国善本书提要》记载,北京图书馆(今国家图书馆)珍藏有部分"延古堂李氏珍藏"的书。延古堂李氏的藏书活动在近代天津藏书文化中占有重要的地位,天津近代虽不乏在全国产生重要影响的藏书家,但多数是寓居津门而籍贯别属,如李盛铎称德化李氏木樨轩,卢弼称沔阳卢氏慎始基斋,周叔弢称至德周氏自庄严堪、长洲章氏(钰)四当斋、江安傅氏(增湘)双鉴楼等等,以天津为籍贯且在全国有一定影响的藏书家却屈指可数,延古堂李氏便是其中之一。李氏在津藏书活动,更具特别意义。

李家藏书最有名的是李士铭(1849—1925)及其弟李士鉁(1851—1926)。其曾祖父李大纶在迁居天津时,就设有"延古堂"藏书楼,历经数代。他们继承先祖藏书,又有增益。先后收有四明卢氏"抱经楼"、南陵徐氏"积学斋"、聊城杨氏"海源阁"的散佚之书,编有《延古堂李氏藏书目》,收书4000余种,中多明抄本、明刻本,尤以宋刻本项安世《周易玩辞》著称。

伦明《辛亥以来藏书纪事诗》对李士鉁搜集古籍的活动是这样描述的:"滨海居盐李士鉁,搜书吴越迄京津。双江二马传文苑,岂若闾阎颂善人。"双江指寓居淮扬的徽州盐商江春、江昉兄弟,二人有诗集行世。二马也是寓居扬州的徽州盐商马曰琯、马曰璐兄弟,二人以藏书之富,刻书之精而闻名大江南北。伦明将李士鉁与文坛驰名的双江、二马并提,足见李氏延古堂的影响。

天津著名学者高凌雯曾指出:"其所著录有宋元版百余种,明抄本二百余种,收藏之富,为北省之冠。"20世纪30年代李家衰落,李典臣(名宝训,士鉁子)经手,将大部分藏书以6万元售予北平图书馆,另一部分(主要是清刻本及碑帖)赠予南开大学木斋图书馆,1937年7月29日木斋图书馆毁于战火。南开尝为之编《天津延古堂李氏旧藏书目》(油印本2册),著录书6万多册,可见所藏之富。天津图书馆副研究员张磊在

《天津延古堂李氏藏书考述》一文特别对天津图书馆所存抄本《延古堂书目》一册做了详细记述："该书不分卷，蓝格纸抄写，半叶 12 行，只有 9 叶……"延古堂藏书还有一些收藏在台湾，散见于相关数据库中，如汉代刘向撰《说苑》二十卷，明初刊本，曾经朱彝尊和吴骞收藏。

"北省之冠"的延古堂李氏藏书归宿北京、天津、台湾图书馆，而藏经阁几经维修，仍挺拔矗立于人民公园，特别是最近一次重新翻修，修葺一新，更显古朴壮观。

该园还有一些荣园早期文物，如亭台、曲桥，后人取名"水心亭""曲虹桥"等。关于天津八大家李善人及荣园还流传着许多传说、故事、诗词等非物质文化遗产。天津荣园——人民公园具有不可估量的历史价值、文物价值，是埋藏在天津河西的铂金矿，是镶嵌在天津河西的绿宝石。

今年是人民公园建园 155 周年，天津市河西区得天之厚，拥有市内唯一仅存的清代盐商兴办的私家园林，拥有荣园三件宝——咏诗亭、中和塔、藏经阁。其中藏经阁"收藏之富，为北省之冠"，古为今用，天津有识之士何尝不把藏经阁建成藏书、买书、读书、讲书之所。

南怀仁与《坤舆全图》

　　南怀仁是清初最有影响的来华传教士,著名科学家,与利玛窦、汤若望齐名。南怀仁奉命绘制的巨幅《坤舆全图》,20 世纪 20—40 年代悬挂在位于马场道的天津工商大学(今天津外国语大学)的主楼正厅。

　　南怀仁(1623—1688)字敦伯,一字勋卿。比利时人,天主教耶稣会修士、神父,清康熙朝来华传教士。1658 年来华,是清初最有影响的来华传教士之一,为近代西方科学知识在中国的传播做出了重要贡献,他是康熙皇帝的科学启蒙老师,精通天文历法、擅长铸炮,是当时国家天文台(钦天监)业务上的最高负责人,官至工部侍郎,正二品。

　　1669 年(康熙八年),南怀仁撰《历法不得已辨》,逐条驳斥杨光先、吴明炫在历法推算方面的错误。同年八月南怀仁着手,经过四年多努力,于康熙十二年(1673)用铜铸成六件大型天文仪器,安装在北京观象台上,它们是:测定天体黄道坐标的黄道经纬仪,测定天体赤道坐标的赤道经纬仪,测定天体地平坐标的地平经仪和地平纬仪(又名象限仪),测定两个天体间角距离的纪限仪和表演天象的天体仪,这些仪器取代了深仪和简仪等传统仪器。南怀仁主要参考第谷的设计，同时吸收中国和造型艺术，将欧洲的机械加工工艺和中国的铸造工艺结合起来，实现他的设计。这些仪器在中国历史上是先进的。南怀仁后来还制造过简平仪、地平半圆日晷仪等多种天文仪器，并著有《赤道南北两总星图》(1672)和《简平规总星图》(1674)等。南怀仁设计监

著名科学家南怀仁

制的仪器，典雅精美，它们不仅是观测天象的仪器，而且也是瑰丽的艺术品，它们作为中西科学交流的历史见证，至今仍陈列在北京古观象台。

在制造和安装观象台新仪器的同时，南怀仁将各种仪器的制造原理、安装和使用方法等，详细记述，绘图立说。他于康熙十三年正月二十九日(1674年3月6日)将《新制灵台仪象志》共十六卷进呈，并请镂版刊行。

1675年，南怀仁做出了为人称誉的业绩。当时吴三桂叛乱，并挫败清军。因吴三桂叛军盘踞山区，非大炮就无法进攻。南怀仁当时把汤若望所铸火炮修复。

南怀仁最著名的西文著作是《欧洲天文学》(Astronomia Eu-ropaea,1687)。其手稿由柏应理带到欧洲，于1687年以拉丁文在欧洲迪林根(Dillin-gen)出版。

《坤舆万国全图》英文:《Great Universal Geographic Map》。清康熙年间，耶稣会士南怀仁奉命作《坤舆全图》。该图是近代以来世界地图史上第一份比较完整的世界地图。现在，《坤舆

全图》一份保存在台北"故宫博物院",另一份保存在河北大学图书馆,是该馆的镇馆之宝。这么珍贵的文物之所以被河北大学珍藏,是因为其前身是1921年由法国耶稣会士创办的天津工商大学,其位于天津市河西区马场道141号(今天津外国语大学址)。

在天津工商大学的主楼正厅,悬有利马窦、南怀仁二人画像,墙壁正中悬挂着南怀仁绘制的巨幅《坤舆全图》。《坤舆全图》,于康熙甲寅年(1674年)绘制,木版刊印,印毕另行设色。全图布局合理,整体和谐统一,恢宏大气,图文并茂,相得益彰,是国内保存最为完好的一幅早期的中文版地图。

《坤舆全图》为圆形图,八幅挂屏式拼接,每幅轴高171厘米,宽51厘米。主图,有六个条幅,组成东、西两半球。它表现了五大洲、四大洋的地理风貌,并标注地名。图居中央,四周释文、图说,多介绍地形特点,表述各地奇禽异兽及独特物产。圆形图之外,设有六块上下对称的文字图版,分别记述"气行""风""雨云""海水之动""海之潮汐""或问潮汐之为"等地理知识。另外两幅辅图,分别附丽于主图两侧,各由四块文字图版组成。左条幅从地理学的角度出发,介绍"地震""山川""江河""人物"等相关知识;右条幅从天文学角度出发,阐释"四元行之序并其行""南北两极不离天之中心""地圆""地体之圆"等理论学说,认为地球居于宇宙之中,地球体是圆形的。主图左起第一屏幅左下方记"治理法极西环仁立法",右起第一屏幅右下方记"康熙甲寅岁日躔卿些之次",标识对称。

从整幅《坤舆全图》的内容来看,可分为舆图和图说两部分。舆图部分包括东西两半球,其主要特点是制作精致。西方先进的测绘技术和经纬理法的绘图方法,明确标出经纬度数,以及地球赤道、南北回归线等标识线,为地图学的发展与研究扫除了观念的障碍。

它所传达的地理学理论与世界知识,包括地圆说、五大洲观念、经纬度的概念和测量方法、气候带的划分方法、地理大发现的新成果、世界各地的风土人情等,是前人闻所未闻的。它的工艺不仅是对利玛窦、艾儒略、汤若望等制图方法的继承,更是对经纬理法和圆锥投影绘图的创新发展,这在地图学史上有着里程碑的意义。以至今天,它被广为赞誉,享有"西学东渐经典之作"的美誉。

南怀仁《坤舆全图》于康熙甲寅年(1674)木板印制,全图布局合理、恢宏大气、图文并茂、制作精致、设色鲜明。南怀仁巧妙地运用"动静之义",论证舆图的"地圆说",用经纬理法的科学制图方法,标识出五大洲的南北东西迄点,对世界各地的风土、人情、物产等做了全面的记述;又对全球著名的山岳高度、河流长度等做了大量的数据统计。第一次提出小西洋的概念,即印度洋水系。南怀仁《坤舆全图》,是中国古代中文版世界地图的集大成者,具有里程碑的意义。

1688年1月28日南怀仁在北京逝世,享年66岁,卒谥勤敏,著有《康熙永年历法》《西方要记》《坤舆图说》等。

天津美国兵营
——北京人头盖骨化石"谜团"之一

2005 年夏,随着北京市房山区寻找"北京人头盖骨"化石工作委员会的成立,"北京人"去向之谜的话题再次成为公众关注的焦点。北京人头盖骨化石"谜团"之一——天津美国兵营人头攒动,成为电视、电台、报纸等媒体关注的热点。

说起北京人头盖骨化石还得从 20 世纪 20 年代说起,1927 年,周口店北京人遗址的大规模发掘工作开始了。发掘的主持单位是中国地质调查所和协和医学院。第二年,我国两位优秀的青年古生物学家杨钟健和裴文中,参加了周口店的发掘工作。1929 年,他们在周口店发现了第一个完整的北京人头盖骨。1936 年有"北京人"之父美誉的贾兰坡又先后在猿人洞发现 3 个"北京猿人"头盖骨化石。1941 年正是"二战"期间,5 个北京人头盖骨神秘失踪,再度震惊了世界。

"北京人头盖骨"化石到底在哪里?自从失踪后,这个谜就一直在破解之中,但到现在都未能如愿。1998 年,包括有贾兰坡院士在内,14 名中国科学院资深院士发起的"世纪末大寻找"仍然是无果而终。在大寻找中,说法纷纭不一,有人说:化石埋在日坛公园;有人说:化石装在沉船"阿波丸"号上;有人说：化石在"哈里逊总统"号上；有人说：化石在"里斯本丸"上。有人说：化石在原美驻北平领事馆。还有一种说法与天津有关，说是"北京人头盖骨"化石在天津美国兵营里。

天津美国兵营六号楼

20世纪80年代，美国人类学家夏皮罗在《北京人》一书中说，一位原海军陆战队军人曾告诉他，化石曾辗转到了驻天津的美国海军陆战队兵营。1971年10月21日，据护送北京猿人化石出国转移任务的执行人、美国医生费利说，放在兵营大院里的6号楼地下室木板层下面。

曾给父亲贾兰坡做了10年秘书的贾玉彰说："后来，那里（天津美国兵营）专门给我来过消息，说根本没有化石。"6号楼在1976年大地震中震塌，后夷为平地改作了操场，在修大楼时连地基都挖开了，结果啥也没有。但贾玉彰表示，有一点可以确认，父亲贾兰坡也考证过，化石确实运到了该兵营。

另外还有一种说法：那是2006年，天津的一位杨先生打电话给有关部门，称自己的哥哥1982年在天津医学专科学校6号楼（曾为天津美国兵营6号楼）施工，在挖槽过程中，原地下室部分暴露出来，露出一个类似水泥箱子的东西。当时，他曾试图挖出来，但由于没有合适的工具只能放弃。杨先生认为此箱有可能装着北京人头盖骨化石。其历史依据是：1941年太平洋战争爆发前,原美国海军陆战队军医费利受上司指令,专门负责"北京人"头盖骨化石的转移事宜,在美国驻北京、天津等地的海军陆战队官兵被俘前,费利将装有"北京人"化石的几个军用提箱,分别寄存于瑞士人在中国开办的百利洋行天津分行、法国人设在天津的巴斯德化验所以及两个住在天津的中国友人家中。其中,巴斯德化验所原附属于1893年李鸿章开办北洋医学堂及附属北洋医院,地点在今渤海大楼附近公共汽车站,由法籍医师卢梭望管理,卢梭回国后,由法租界工部局医官拉达斯负责,实际工作由朱世英主持(朱留学美国,专修细菌检验),朱在美细菌学专家津泽(ZinSSer)指导下,任巴斯德化验所副所长,该所能作临床常规化验,生化及细菌学检验,瓦氏反应,康氏沉淀试验,并自制狂犬病疫苗,为狂犬病的防治做出贡献。

另外根据一名美国海军陆战队队员的说法,当年"北京人"头盖骨化石曾在天津停留,并曾存于美国海军陆战队军营,即天津美国兵营6号楼地下室(现天津医科大学继续教育学院)。但美国自然博物馆一位博士在寻访中发现,6号楼已经在1976年的唐山大地震中倒塌,学校负责人说在此楼倒塌前,谁也没有发现地下室有什么异常。

由此可见,"北京人头盖骨化石"究竟在哪里这个历史之谜,至今等待破解。

但如何破解?我认为首先应搞清天津美国兵营的来龙去脉。天津的美国兵营也称美国营盘,建立于1912年,由驻菲律宾陆军第15步兵团调来天津。兵营初址位于博罗斯道(今烟台道)和海大道(今大沽路)交口的一幢楼里(大沽路副食商场附近的平和大楼)。后到了1917年,美国兵营才搬到现在马场道、广东路交口处的天津医科大学东院(今广东路1号天津医科大学继续教育学院)。

美国兵营西边是广东路,南边是浦口道,东边是九江路,北边是合肥道,总面积有一万平方米左右。四周红墙有三米来高,东、西、西南、东北留有四门,沿墙一周是混凝土的二、三层英式楼房,枣红色的瓦顶高起脊。院内楼舍纵横交错,每所楼房的拐角处几乎都是圆形的三层碉堡,最高层留有射击孔和瞭望口。营盘的北面隔合肥道的大院,即医大第三附属医院门诊部当时是美军俱乐部。在这个大院内有几个网球场、篮球场、花坛、草地等,只是在最北端有一坐北朝南的两层别墅式的俱乐部小楼。这个格局一直保持到中华人民共和国成立初期。

美国兵营驻有美国兵一千余人,分十二个队以A、B、C、D……作为代号顺序排队。分工有USMC(海军陆战队)、USN(海军)等等;还有MP(宪兵)。最大的官阶是将军,其中有少将等。马歇尔、史迪威、魏德迈、麦克鲁、包瑞德五位美国将军曾在此任职。

1941年12月18日,太平洋战争爆发后,美国营盘换了"主人",美军换成了日军驻防,那武官楼也换了"主人"。1945年9月美军进驻美国营盘。1947年美军撤出天津之后,美国营盘相继住上了国民党的伤兵、被国民党诱骗到关内来的"东北流亡学生"。最后是天津国民党守军陈长捷为解决天津兵源不足,拼凑的武装警察部队驻扎于此。1949年后,美国兵营成了医学院校,现在是天津医科大学继续教育学院。

我相信在"北京人头盖骨"化石工作委员会领导下,大家密切配合,以坚忍不拔的精神来研究天津近代史,研究天津租界史,研究美国兵营,北京人头盖骨化石之谜终究会有一天被揭开。

名楼轶事

黎元洪与容安别墅

  民国大总统黎元洪（1864—1928），号宋卿，湖北黄陂人，14岁时随父黎辅臣（字朝相）迁居天津北塘，其父在北塘东大营炮台充任哨官，在北塘南庄租赁了三间土坯房。少年时代的黎元洪勤奋好学，曾入当地张子养先生的私塾攻读八股文。1886年，年22岁的黎元洪考入天津北洋水师学堂（今东局子址），1891年毕业。黎元洪在武昌起义时被推为领袖，先后于1916年和1922年两次出任北洋政府大总统。晚年寓居天津。

  黎元洪在津有寓所两处：一处在英租界盛茂道（今河北路）与巴克斯道（今保定道）交口（今河北路283号），为花园别墅，建于民国初年任副总统时，包括东楼（二层）、中楼（又名鸳鸯楼，二层）、西楼（三层），以及花园、戏楼等，建筑面积6516平方米。

  一处为德租界威廉街寓所（今解放南路268号泰达大厦址），也称黎氏容安别墅，于1917年黎元洪被张勋撵下台，退居天津英租界时购买，使用化名为宋卿府君。购置的这所房地产，占地面积3.72市亩。购进后将旧房拆除，重建成一座花园住宅，包括一座西式三层楼和几间附属平房，共44间，建筑面

积 1878 平方米。该楼为砖混结构，混水墙身砂石罩面，尖型瓦顶，大理石台阶。室内装修讲究，一层是大理石地面，二

黎元洪容安别墅(今解放南路泰达大厦址)

三层是菲律宾木地面，多槽门窗。暖气卫生设备齐全。房间布置：一楼是大厅、音乐厅、饭厅、书房等；二楼是卧室、书房、女客厅；三楼是部分卧室、使用间。附属平房为传达室、保卫室、厨房、储藏室及佣人住处等。院内花园建有喷水池、方亭、石雕仙子、花窖、孔雀笼等。此寓所为大夫人吴敬君居住。

黎元洪的生活方式趋于西式。他不仅向来喜欢穿西服和制服(竖领)，很少穿中式服装；中年之后，还在吃的方面，几乎每日三顿都是西餐。据黎元洪之子黎仲修先生对笔者讲：黎元洪中年时得过一场胃病，大夫说中餐淀粉多，宜发酵，建议他吃西餐。他家里有一个中餐厨房和一个西餐厨房。他和子女吃西餐，夫人及办事人员吃中餐。谁来为黎大总统做西餐呢？当时西餐厨师很难找。就由管家带领中餐师到西餐馆吃西餐，边吃边问，逐渐心领神会，也就会做西餐了。当然，出自中餐师的西餐难免带有中餐味。大家知道西餐是不炝锅的，但这位改做西餐的厨师却往往还炝锅。

黎元洪认为吃西餐比较卫生，而中餐用筷子反复在盘子里夹菜，易传播疾病。他的西餐菜谱是：早餐牛奶麦片粥，午餐

和晚餐都是一汤、一鱼、一肉、一素菜。另吃一片面包,最后喝一杯咖啡。绝对不吃米饭。儿孙们陪他吃饭也是如此。因为顿顿都喝咖啡,他本人不觉得怎样,儿孙们却都很消瘦。据说咖啡是瘦人的。

但一年之中有三天例外要吃中餐,那就是中国传统节日——春节除夕、端午节和中秋节,一定要在大饭庄叫一座酒席来吃。儿孙们围着他循序坐定,陪他吃饭,实际上是他看儿孙们吃。他自己也就是每种菜尝上一口,以示中国人不忘本,不失传统之意。除此之外,只有遇他伤风咳嗽,才暂时改用中餐。

黎元洪一生非常热情好客。他常在德租界花园寓所接待中外宾客。1924年12月4日,孙中山第三次到天津。翌日,中山先生带随员到容安别墅拜访黎元洪,后黎元洪还在容安别墅招待孙中山和夫人,但孙先生突然发病,由夫人宋庆龄代表出席。1926年,世界青年会组织代表来津,有两千人之多,黎元洪热情接待,并为每人备茶点一份。黎元洪在寓所还接待过美国木材大王罗伯特·大莱、英国报业巨子北岩公爵、美国钢笔大王派克等。至于天津知名人士严范孙、卢木斋、张彪等更是黎宅的常客。

黎元洪常住在英租界盛茂道寓所,隔一天去一趟德租界威廉街寓所。黎有午睡的习惯,但他不是在床上午睡,而是在沙发上。黎喜欢运动,注意健身。每日早餐前必做一次体操。他夏天好打网球,冬天好滑冰。他常和夫人一起步行到平安(今音乐厅)、蛱蝶(今大光明影院)、光陆(北京影院,今市政协委员活动中心)去看戏或电影。黎平日喜好书法,寓居天津后更是乐此不疲。他还喜爱骑马、养花、剪草、放风筝。

还有一件趣事:天津某大报记者到黎府采访,恰好见到厨师做熊掌,于是花边新闻出来了,说黎大总统喜食熊掌。熊掌不可多得,大概只有像他那么有钱的人才能吃吧?其实熊掌是客人送的,偶尔一吃罢了。他患有胃病和糖尿病,对许多美味佳肴都失去了兴趣。但西餐中做熊掌,是烧是烤,是蒸是炸,黎府都称得起是"西餐之最"了吧?

黎元洪退出政界后,在津专心致力于发展中国的实业。他曾以"黎大德堂"名义投资了我国北方有名的大企业中兴煤矿公司、启新洋灰公司、久大精盐公司、永利碱厂等,投资企业达四五十个之多。他还为华侨首创的中国远洋轮船公司投资万余元美金。

1928年6月3日,黎元洪因脑出血病逝于英租界寓所,享年64岁。

在黎元洪患病、逝世前后,曾有一件奇事:黎元洪曾饲养孔雀两只,在茶余饭后,经常去观赏孔雀开屏之英姿。1926年10月,黎元洪第一次患脑出血时,他喜爱的孔雀死去一只,他病好后引为憾事。1928年6月3日晚10时半黎元洪因脑出血病逝时,尚存的一只孔雀也突然死去,家属亲朋一直视为奇事。

黎元洪逝世后,国民政府下令伏恤,举行了隆重的公祭,并举办了规模浩大的出殡仪式。出殡后,他的灵柩停放在容安别墅,后葬于别墅里的西式坟墓中。1933年运回武昌,1935年举行国葬。

王郅隆宅邸轶事多

王郅隆宅邸(南京路 21 号)

如果你在南京路上漫步，在浦口道转角处会被一座二层加阁楼有高台阶带半地下室的砖木结构建筑所吸引。这是安福系"财神"、财经总长王郅隆宅邸。王郅隆宅邸轶事多，还是让我们从他的生平说起。

王郅隆(1888—1923)，又名祝三，天津县阮家庄人。其父王鸣礼以撑船为生，家境贫寒。生有五子，他排行第三，故又名祝三。早年曾和五弟王蕴隆到东北一家粮店学徒，后逐渐当上了掌柜，积攒了点钱，离开东北，到唐山开设了义发祥杂货铺，零售兼批发。后回到天津开设元庆木号，经营木材生意。这时正好天主教柴田宠负责兴建天主教堂，他与柴熟识，揽到了这笔生意，赚了一笔大钱，又开设了荣庆号米庄。

王郅隆发迹后捐得候补道衔。在那个动荡不安的年代，他认为只有军人才是最有实力的阶层，于是他想方设法结交军人。一次他去天津南市天宝班(妓院)，正好碰上了营务处的倪嗣冲在那里打牌，输了一个月的军饷，非常着急，王郅隆走过来说："我替你打打。"不想连赢几把，居然捞回不少。那时输掉军饷有杀头之罪，王郅隆等于救了倪嗣冲一命。从此，两人结为挚友。后来倪嗣冲当上了安徽督军，任命他为后路局总办，他从财政部领出安武军军饷后，总是存入银行，再分期汇寄安徽，就这样他利用军饷作为周转资金，大做投机生意，获利颇丰。他又被皖系徐树铮所赏识，先后任黑龙江、湖北、安徽等省盐务采运局总办，利用皖系的权势，大发其财，成了著名的暴发户。他先后创办天津华昌火柴公司、丹华火柴公司，任董事；与徐树铮、段芝贵合谋侵占长芦盐商何炳宗等人的资产后，组建天津长顺盐业公司，以及井陉、正丰煤矿公司。

1916年秋天，在徐树铮将军支持下，大股东王郅隆收购《大公报》全部股权，出任董事长。1917年与倪嗣冲、周作民等人创办天津金城银行，任该行一、二董事兼总董，与倪嗣冲集资，同日本大仓洋行、日本棉花会社合办天津裕元纱厂(棉纺二厂)，任总经理。同年11月王郅隆加入徐树铮、王揖唐等皖系政客在北京安福胡同组织的安福俱乐部，为常任干事兼会计课主任，次年8月任安福国会参议员。1919年出任北洋政府财政总长。他以段政府参战处的名义开设荣庆米行，用采购军粮的名义将江浙大米北运天津，通过天津港向日本出口，以接济日本灾民，从而获取暴利。1920年4月与徐树铮创办了天津边业银行，任董事。由于王郅隆为安福系筹措了大量活动经费，所以被称为安福系"财神"。

在直皖战争中，段祺瑞和所谓"安福系"被打得大败，王郅隆被列为"安福十凶"遭通缉。他当时正在北京，闻讯后慌忙跑往日本公使馆避难,后偷偷回到天津,在 1923 年春又潜往日本。在日期间,他向日本大仓洋行商谈借款 300 万元,又向日本其他大财团商借款项,以作为安福系发达政变,与直系作战之用。眼看事情就要办成,将要签字,谁料 1923 年 9 月 1 日日本突然发生关东大地震,王郅隆蒙难于横滨。消息传来,在津安福系要人向东大声痛哭,并说"这次失败乃天意也,非人谋之不臧"。后来王郅隆的尸体运回天津,据说他的尸体已没有脑袋,运回天津后,按老规矩无法从大门进宅,只好从墙上进浦口道宅。王家曾开过一次追悼会,安福系要人送的挽联最多,其中徐树铮一联为:"覆巢之下,焉有完卵;城门失火,殃及池鱼。"为当时所传诵。

王郅隆在天津宅邸有二:一在意租界大马路意国圣心医院(河北区建国道第一医院住院部)对过楼房,系其如夫人住宅;二在南京路、浦口道转角处(今河西区南京路 21 号,天津市煤建公司),为其正夫人及长子王景杭(仲山)住宅。该宅为德国花园式宅邸。一进门,右侧传达室是一个牛舌瓦尖顶小二层德式建筑。院内有一个大水池,水池中有喷泉,长有荷花、水草,养有金鱼,水池用雕花的汉白玉石柱围绕,中间是一个中国古典式的六角单檐攒尖顶亭,造型别致、精巧,每一个翘起的单檐上雕有精雕细刻的石兽。六角亭与院子由汉白玉石桥相连。

王郅隆宅邸建筑面积 2480 平方米,为二层加阁楼带半地下室的砖木结构建筑,平面近似矩形,庭院花草树木环绕。建筑正立面底层入口有十六阶的高台阶,大理石饰面,双柱支成折角门廊。进门厅后到大厅,一边为客厅、书房,另有餐厅、厨房等,窗户均是双层玻璃中间夹纱窗。各厅都有小八角凸肚窗或弧形窗，凸肚窗使立面富于变化，转角处形成多边形的角楼。大厅内设有木玻璃隔断，玻璃被隔成各种各样的形状和不同的大小，非常别致美观。室内装有护墙板、筒子板、细木人字地板以及木制雕花弧形楼梯。通过隔断门有大楼梯通向二层。二层有大厅、卧室、平台等。卧室相互连通，每个屋子最少有2个门，多的达4个门。卧室外临窗有走廊，走廊有镶入墙内略露于外的圆柱，并铺有花瓷砖地。弧形大平台在楼房人口处的上方，登上平台，全院一目了然。三层为阁楼，木梁暴露在外，为储藏室。半地下室设有锅炉房等，有两个出口，采光较好。

王郅隆宅邸牛舌瓦高坡屋顶，最能显示其德国建筑风格。据说，在该建筑的旁边，现已盖有新楼的地方，有与该楼建筑式样风格相同的一幢建筑。早年，因火灾而烧毁。在该建筑的对面，现是平房的地方，原是一个戏台，坐在庭院的六角亭上，或坐在二楼的大平台上都可以观戏。总之，王郅隆的花园宅邸是中西合璧，风格独特。

吴毓麟故居有地道

　　吴毓麟是民国时期赫赫有名的人物,曾任交通总长,其在原德租界威廉路(今河西区解放南路)的故居曾有地道。

　　吴毓麟(1871—1944),字秋舫,回族,祖籍安徽歙县。清同治年间,歙县遭蝗灾,吴家为求活路,奔往回民聚居的河北省沧州。1871年(清同治十年),一个风雨交加的夜晚,小毓麟诞生在逃难途中。吴家经过千辛万苦来到沧州后,在当地人的帮助下,在小庙里借了一间小房,靠帮助别人运鱼、卖鱼为生,后来在沧州孟村落了户,并开设了一个小鱼店。1886年,小毓麟15岁时,他在大沽偶然看到了天津北洋水师学堂的招生告示,如能考上

吴毓麟德租界旧居(今解放南路292号)

不仅不交学费，管吃管住，还每月发给二两银子作补贴之用。这对于贫苦人家的子弟来说，实在是一个难得的好机会。于是，毓麟和弟弟墨林一同赴天津投考了北洋水师学堂。当时"好男不当兵"的思想极为普遍，认为上这些洋学堂就是步入了歧途，所以投考人不多，毓麟、墨林兄弟竟然考上了。

在北洋水师学堂，吴毓麟尽管文化基础较差，身体也比较羸弱，但他性格坚毅，能吃苦耐劳，每次都获得优异成绩，不断得到擢升，毕业后被选派赴德国深造。在德国浮尔底造船厂学习时，为了攻克德语，他日常主动接近德国老百姓，以提高听力和日常口语。他还在宿舍内贴满了生词和日常用语，刻苦阅读德文书刊。到学习期满归国时，他已能精通德语，说一口流利的德国话，他成为一名具有造船和机械专业知识的技术人才。

归国后，吴毓麟于1915年任海军部科长。他对海军建制及船舶制造多有建议。不久调任大沽造船所所长。在任内，他诚聘有真才实干的人员，潜心研究造船技术和军火生产，曾制造出多种长短枪及其他火器，"大沽造"枪在当时曾闻名全国。1918年，叶恭绰在交通部任要职时，与著名铁路工程师詹天佑、交通部参事吴毓麟等人筹划开办铁路职工子弟学校扶轮公学（后改天津扶轮中学校，即今铁路一中），选址河北区五马路与吕纬路交界处，并利用掌握铁路运输之便，由火车运来青石料盖校舍，建成天津第一个石楼，至今已九十多年，依然巍巍矗立。

1922年出任津浦铁路局局长。在任内，他轻车简从。一次，去济南公干后返津，他有意穿便服挤到三等硬座无号车厢内，一面观察车站秩序及铁路工作人员服务情况，一面与同车人闲谈，了解情况，品评车上工作人员的作风和品德。1923年吴毓麟出任交通总长，为直系保定派代表人物。在任内，于1923年5月，发生了一件震撼世界的临城大劫车案，其中40多名外国人被劫，事态严重。他身为交通总长，万分焦急，亲自出马与杨以德、熊炳琦、温世珍等及各国领事，先后奔至山东枣庄与劫持者头领孙美瑶谈判，最后终于达成协议，被劫的外国人全部获释。我国政府除了向各国政府道歉外，还赔偿了几十万元的巨款才算了事。1924年直系失败后，吴毓麟退居天津，住意租界二马路(今河北区民主道38号，天津市工商管理局)豪华住宅。

1931年，他租赁了特一区12号路(今奉化道，与解放南路交口)的一所德式洋楼(今河西区解放南路292号，原市检察院)。此宅邸是著名实业家庄乐峰的，建成于1921年，占地6002亩。该址原有砖木结构楼房3幢，计北楼2幢，南楼1幢。北楼前后两幢均为3层并相互连通。南楼较小，为2层。大楼周围有十多间房屋。北楼与南楼之间为庭院花园，有一条长廊连接。北楼装饰考究，前楼首层客厅装饰有各式人物彩绘，外窗装有彩色玻璃。前楼有地下室，设有井道一口，据说地道可通往海河。吴毓麟和续妻住一楼。儿子吴振宏、吴季光和守寡的嫂子及子女等分住二楼。三楼存放杂务、箱柜，并特辟一室专供祖先牌位。地下室及周围住房专供男女仆人及亲友们居住。

吴毓麟的爱好广泛，他每日除了练习书法外，还特别爱读历史、笔记一类的书刊。每晚临睡前，坚持读《资治通鉴》。吴毓麟特别崇拜溥仪的老师翁同龢，对他的学识、书法和为人都很敬佩。吴与张自忠、马占山等抗日将领过从甚密，马占山来津住在他家。他与前国务总理潘复在津共同经营盐务，来往密切。

吴毓麟非常重视子女的教育。他教育子女要有独立生活的能力，不要依靠先人给遗留下什么金银财宝，那都是靠不住的。他聘请有名的教育家郑菊如老先生教授子女国文，请留学美国的张瑞珍女士(宋美龄同学)教授英语。

吴毓麟生前为天津的老百姓做过一些善事。1939年天津闹大水，他凭着自己的声望，积极联络各方力量，派出五条小船每日巡驶各区，来往渡人。每日还在自家窗口放上盛满稀粥的五个大缸，凡遇难民求赈，每人一勺，以解燃眉之急。

在敌伪时期，日本驻华北的冈村宁次大将和汉奸王克敏等人都曾到吴毓麟家，"敦请"他"出山"，维持华北政局。他以老来多病，并以在闹牙病为借口，加以推脱。他面对压力，将客厅里侧面墙上的一幅山水画换成了唐寅的《秋扇图》，上面有四句诗："秋来纨扇合收藏，何事佳人自堪伤。请把世事详细看，大都谁不逐炎凉！"表达了他此时的心境。

1944年秋，吴毓麟家中生活紧迫。在内忧外患的情况下，他的病情日益加重，终于不治，凄然去世，卒年73岁。

日伪时期日本宪兵曾占用此房。抗战胜利后，蒋介石来津曾住过这幢小洋楼。中华人民共和国成立时，此宅邸为徐鹏志房产。

中华人民共和国成立后，1950年1月市公产清管局依法没收此宅邸。该宅邸由市财经委员会使用，1955年改由市人民检察院使用。现北楼前后两幢基本保留原貌。前楼首层和二层正面原来的前廊均改成房间作办公使用。前后共有用房80间，建筑面积2723.78平方米。原来的南楼及庭院长廊已拆除，于1983年新建框架结构6层新式办公楼一幢。

刘冠雄故居寄托海军梦

刘冠雄故居位于天津旧德租界推广界六号地，现河西区马场道 123 号。该楼为象征主义建筑，寄托了他的海军梦。

刘冠雄(1853—1927)，字资颖，又作子颖，福建侯官（今福州市）人。早年入福州船政后学堂驾驶班，为第四届毕业生。1885 年，他作为马尾船政第三届出洋留学生被派赴英国学习枪炮阵图及驾驶技术。先由英国海军部送至枪炮练船学习，后入英国兵部武力士炮厂学习大炮、洋枪、阵图和修理技术，旋上英国海军部兵船上实习。他有文才，善交际，考试"屡列高等"。1889 年归国后，担任北洋舰队"靖远"舰帮统。在 1894 年的中日甲午海战中，刘冠雄等将士勇敢坚定，表现了可歌可泣的爱国主义精神。甲午大东沟海战时，刘任"靖远"舰

刘冠雄马场道 123 号旧居

帮带大副。在海战中,"靖远"舰中弹数十处,前后起火三次,幸力救扑灭;旋督船桅折,无旗宣令,刘冠雄急请管带叶祖玤悬旗。在叶劳累过度的情况下,刘统率余舰变阵,绕击日舰,并号召港内舰艇,出口助战。当时日舰已多处受伤,见我舰队散而复整,且惧有雷艇暗袭,即向东南逃逸。时日已暮,"靖远"舰遂悬旗收队,驶回旅顺。袁世凯对此役评价颇高,曾言:"我国自甲午一役海军歼焉,然大东沟一战,胜负相当,以视陆路诸军犹有生色。"(《清末海军史料》585页)对刘冠雄大加赞扬。

威海战后,刘冠雄虽也被罢迁,但不久重振海军时又被充任"飞鹰"练船管带,驻泊天津大沽口,归北洋调遣。1998年戊戌政变,事机败泄,康有为登日轮"大阪丸"逃离,刘冠雄曾奉令携引渡公文急追,后因战舰锅炉炸裂,只得扶创缓行,康有为遂得逃脱。1900年,刘冠雄被起用为"海天"巡洋舰管带,该舰在当时与"海圻"巡洋舰为姊妹舰,为清政府最大的军舰。此后,刘冠雄投靠在袁世凯的门下,曾任德州兵工厂总办等。1912年袁世凯在北京就任临时大总统后,任命刘冠雄为首任海军总长。他上任后,即接收各地海军机构,集海军大权于海军军部,海军总长管理海军军政,统辖海军全军。在他的领导下,还制定了民国海军军部体制、官制、海军司令部、舰队司令处以及地方调用军舰等各种条例,并着手整顿海军教育,制定海军学生考选章程、海军留学生规则等,为海军建设做出了贡献。1913年,曾任海军巡阅使、海军上将、海军总司令等职。袁世凯称帝时,被封为二等公爵。袁世凯死后,靠近皖系。段祺瑞掌权时曾任海军总长等职。1917年护法军兴起后,因海军分裂去职。1922年任海疆防御使,1923年辞职来天津过寓公生活。

刘冠雄故居位于天津旧德租界推广界六号地,现河西区马场道 123 号。用地是 1922 年他用其子刘肖颖名义从外商手里买下的。刘按照自己的构想化了 7 万元建起了三幢的西式砖木结构洋楼。该楼为西洋象征主义建筑,寓意深刻,具有其作为海军将领身份的象征。中楼为航空母舰式,西楼为巡洋舰式,北楼为望远镜造型。又一说造型仿一艘旗舰,由船头、望远镜、船桥三部分组成。三座楼寄托了他的海军梦。中楼和西楼均已拆除,现还保留着北楼。主、配两幢楼房,共有房 81 间,建筑面积 3325 平方米,占地面积 9.20 市亩。主楼(北楼)三层带地下室,整体呈立面对称形状,红机砖清水墙,部分沙石罩面,坡顶出檐、挑梁、大瓦顶。方窗、局部大拱券窗、菲律宾木双槽窗。雕花饰面阳台。一楼门厅宽敞明亮,有四棵方柱支撑,顶部有优美的花饰,天花板上花纹雍容素雅。一楼为大厅、饭厅、书房和会客厅;二、三楼为生活起居室。整个大楼装潢讲究、富丽堂皇,室内暖气卫生设备齐全。院内有树木、花草陪衬。主楼的两侧与配楼之间设有过楼,将主配楼衔接起来。配楼建筑也非常考究。

刘冠雄寓居津门后,建造营房租与外国人,由官而商,接至经商失败,乃以私邸押与内侄施延干。施原系海军部庶务科科长,是刘一手提拔的,此时成了债主,登门索债,迫刘迁居,刘气愤万状,身体日趋不佳。1927 年 6 月 24 日刘冠雄患肠病去世,终年 67 岁。刘冠雄之子刘肖颖为还债向先农公司抵押借款 10 万元,月息为 1%,定期三年。因刘肖颖到期无法归还借款,先农公司便于 1930 年止息,其价值几十万元的房产也就归了先农公司。该楼 1933 年由私立志达中学租用,1949 年后改名为天津市第二十二中学。现为天津财经大学使用。

刘冠雄的三女刘孝珍是其掌上明珠,不仅容貌姣好,天性善良，且极聪明，才艺也佳。虽然在西式学堂接受教育，但对中国传统文化和艺术兴趣甚浓，后成为著名女画家。凡名人画册碑帖，过目即能临摹。其作品屡在《北洋画报》发表，颇为时人赞赏，诚为巾帼中之佼佼者。

如今在天津生活的刘冠雄后裔，其中有住在塘沽的刘冠雄小孙女刘有彬和曾孙女刘景端等，她们不时地向人们述说着祖辈的海军梦，这段难忘的历史深深地刻在她们的心里，也留在天津人民的记忆里。

"辫帅"寓所盘龙卧虎

　　"辫帅"张勋德租界寓所前卧虎，后盘龙，东楼呈狮状，中西合璧，是津门一所独特建筑。

　　"辫帅"张勋（1854—1923），字绍轩，晚号松青老人，江西省奉新人。1854年（清咸丰四年）出生于一个小商贩的家庭。1895年，张勋来天津，投效袁世凯，充任工兵营管带。后随袁世凯去山东镇压义和团，升副将、总兵。1902年调往北京宿卫端门，多次充当慈禧、光绪扈从，保驾有功，深受赏识。历任辽北总统、江南提督、钦差江防大臣等，曾镇压南京新军起义。

　　张勋在津建有公馆，地点在德租界6号路（今浦口道6号，天津市商检局），东起台儿庄路，西至江苏路，南抵浦口道，北邻蚌埠道。这是一所大宅院，建于1899年，为德式建筑，由德国建筑师考特·路勒·凯甘尔设计。张勋购自清王室所建的这所西式洋楼，占地面积16585平方米，建筑面积

辫帅张勋

5632 平方米，有楼房 56 间，平房 54 间，布局协调，环境幽静。浦口道正门院内右侧有一座横卧虎式假山，左侧有一座古色古香的六角凉亭，院中间有水池和四季常青的花坛，气度非凡。院中养有猴子、狐狸等动物和鹦鹉、孔雀等鸟类。

张勋旧居(浦口道 6 号)

院内深处是两幢砖木结构二层黄色别墅式小洋楼，分东西两楼。西楼是会客楼，铅铁尖状屋顶。室内装饰豪华，硬木门窗、地板，至今保存原有的部分豪华家具。由高台阶进入圆形门厅，有廊子相连，底层设戏楼，有二层看台。当时张勋策划复辟，聚集心腹密谋于此。楼梯转弯处有一面引人注目的华丽大镜子。楼下有一个有很厚铁门的保险库。有半地下室。二楼前部有大平台。东楼为张勋与其眷属的起居楼，建筑整体呈狮子状。立面简洁，四坡蓝瓦顶，局部有尖顶塔楼，上有风向标。底层为圆拱门窗，彩色玻璃。楼左侧后方有大型花窖，左侧一排平房是护兵、马弁和佣人居室。张勋宅邸在台儿庄路有一后门，后院为私人花园，有一座长龙造型假山，上有凉亭、瓷人、石碑，还有荷花池、石桥、游船，并养鸟兽、花卉等，气度非凡，实是园林艺术的精品。

民国后，其队伍改编为武卫前军。在北洋政府时期，曾任江苏督军、长江巡阅使。张勋始终以清朝忠臣自命，坚持留着一条长辫子。他还不准手下几万名官兵剪辫子，因此，人们称他为"辫帅""张大辫子",称其队伍为"辫军"。袁世凯死后,他先后4次召集各省督军于徐州,提出了一个复辟计划:第一步解散国会;第二步逼迫黎元洪退位;第三步宣布复辟。

　　1917年6月7日,张勋率"辫子军"步、马、炮兵共10营约3000人及随员148人由徐州动身,8日行抵天津,逼迫黎元洪解散国会。据1917年6月9日《大公报》记载:1917年6月8日,张勋由天津西站下车后,直趋德租界徐世昌宅邸(十八号路1号,今河西区闽侯路1号河西区闽侯路小学址)进行长时间的密谈。当日张勋还邀国务总理李经羲到日租界宫岛街段祺瑞宅(曾为和平区鞍山道和平区教师进修学校),请段同往北京"共筹国是",段婉辞谢绝。张勋回宅后,把会谈情形告诉来访的复辟派分子刘廷琛等。6月12日夜间,代理国务总理江朝宗副署了解散国会命令。13日,张勋在天津德租界宅邸召开了一次会议,会后发表通电说:"比因政争,致酿兵事。勋奉明令,入都调停……默察各方面之情形,大多数心理,咸以国会分子不良,力主解散另选……勋拟即应名入都,共筹国是。俟调停就绪,即商请出师各省撤回军队。"14日下午,张勋偕同李经羲、张镇芳、段芝贵等乘车直奔北京,在南河沿公馆举行最高级会议,决定7月1日宣布复辟,捧出溥仪登基。徐世昌问讯非常"愤叹",曾两次函电张勋,以老师的口气,劝其离军引退。7月7日,段祺瑞的"讨逆军"进逼北京,"辫子军"一触即溃,到7月12日张勋复辟丑剧告终,张勋躲进荷兰驻华使馆,冯国璋代理大总统职。

　　张勋复辟失败后,徐世昌与段祺瑞商量说:"绍轩虽为祸首,但不过是一莽夫,请念北洋同胞之谊,穷寇莫追。"段点头同意。于是,徐电张勋说:"执事既不操柄,自可不负责任,至于家室财产，已与段总理商明，亦不为己甚，昌当力保护。"徐世昌虽然承当保护张的家当财产，可是张勋的爱妾王克琴却跑了。王克琴是民国初年红极一时的女戏子，为徐州辫帅金笼里的金丝鸟，张这次北上，也携王克琴同行，把她留在德租界寓所，大家呼"帅夫人"。张勋事败后，这位"帅夫人"像出笼的小鸟，风流的事传遍京津。北京恒利金店一个漂亮的小伙子周子明被她看中了，不久这位小伙子变成了新开张的宝成金店店主，当然是由于"帅夫人"垂青所致。

张勋回津后蛰伏德租界公馆。他另在英租界巴克斯道西口（今保定道59号，和平区耀华小学址）有住宅。这是一座五层大楼住宅，大门口有两扇铁栅门，常有两个彪形大汉荷枪站岗。进门是一个大院，院中有八只兰花大瓷缸。大楼里面，宽敞舒适，后面有花园，园内有假山池塘，楼台亭阁，种满了花草树木。至今还保留张勋的一所住宅，在今南京路100号，为三层砖木结构小洋楼，入口有4根带有圆石柱，二、三楼有平台。他还出租巴克斯道（今保定道）松寿里大片房产，又投资于大陆银行等企业。他晚年养尊处优，拥姬妾以自娱，蓄壮士以自卫。

1923年9月12日，张勋突然患病，头昏胸闷肚子疼，请来了日本医生，诊断后拿出两包药，打开一包倒进他口中，用温开水送下，睡到半夜，他在床上翻滚吼叫，折腾了一阵子就断了气。死时，他70岁，有9儿5女。他死后，出丧场面之大，仪仗之盛，前所未有。他脑袋后面的辫子至死未剪，随他进入棺材。张勋死后其家属把浦口道全部房屋转卖给盐业银行，1936年盐业银行又卖给国民党实业部天津商品检验局。1949年后人民政府接管，由中华人民共和国对外贸易部天津商品检验局使用至今。

人物春秋

严复创建天津俄文馆

创办天津俄文馆时的严复

严复创办的天津俄文馆是中国最早的官办俄文专科学校。

1895年4月《马关条约》签订之后，俄国与日本在争夺中国东北问题上存在尖锐矛盾，遂联合德国、法国出面干涉，迫使日本同意中国赎回辽东半岛。沙俄的举动使清政府上层对俄国产生了"联俄制日"的幻想，而中国这种亲俄、联俄的政治氛围又正中沙俄下怀。1896年6月，在共同对付日本的幌子下，清政府派李鸿章为"钦差头等出使大臣"前往俄国参加沙皇尼古拉二世加冕典礼，代表清政府与沙俄签订了《中俄密约》。李鸿章真心"联俄"，但"联"的竟是一个背信弃义的国家，开门揖盗，引虎自卫，连对他颇为同情的黄遵宪，也埋怨他"老来失计亲豺虎"。天津俄文馆就是在清政府这种亲俄外交政策下创建的。

1896 年(清光绪二十二年),经俄国领事馆葛拉司建议,经直隶总督王文韶奏明,李鸿章批准,命我国近代著名教育家、北洋水师学堂总办严复创办天津俄文馆,并任总办,负责拟订课程、聘请教师及其他一切校务。是年 8 月 16 日,俄国公使喀希尼经总理衙门允准,推荐林得俾儿来到天津,王文韶约请严复、潘志俊一起见面,并命严复商订聘任林得俾几为俄文馆教习合同。19 日,王文韶经与严复商讨后,还上了一道请准水师学堂增收专门学习俄语学生的奏折。该馆招收学生 30 名,分两班,主要学习俄文。头班学生还习矿物学、化学、地理学、史学等;二班学生兼习算学。两班均四年毕业。该馆附设于贾家沽道东机器局(今东局子一带)以西北洋水师学堂内(今解放军军事交通学院址),主要是利用水师学堂的空房实施教学。李家鳌(1863—1926),字兰洲,上海市人。滨江道尹兼吉林铁路哈尔滨交涉员,东省特别区高等审判厅厅长。1896 年时曾在天津俄文馆任职,后任驻俄国符拉迪沃斯托克领事(商务交涉员)。任职后期,正值日俄战争爆发,沙俄虐待华侨,李家鳌经常以财物周济处境艰苦的侨民。

1897 年 5 月,沙皇俄国派遣特使乌赫托木斯基到中国访问,答谢李鸿章赴俄庆祝沙皇加冕典礼。5 月 18 日,乌赫托木斯基抵达天津紫竹林,下榻于海军公所(今赤峰道东口,后曾为法国兵营)。为欢迎这位特使,中国方面曾鸣礼炮以示隆重,正在紫竹林故居伏案修改《天演论》的严复还听到了礼炮声。在天津驻留期间,乌赫托木斯基向天津俄文馆捐赠了 1200 元,作为该馆学生的学习津贴。1898 年 5 月 26 日—27 日,严复主持了天津俄文馆的"季考"。是年天津俄文馆迁移梁园门外(今河西区大营门一带)新馆。新馆"房基地亩共计地一十二亩一分一厘七毫五丝,房一百二十七间"(据 1909 年《蔡绍基为接收德界华俄学堂事禀北洋大臣那桐》)。

严复虽说奉命创办了俄文馆,但他始终认为沙俄是中国最凶险的敌人,对沙俄毫无好感。他密切注视着事态的发展,1896 年 9 月 8 日,中俄签订《合办东省铁路公司合同章程》,俄国攫取了东北铁路的独占经营权;9 月 28 日,《中俄密约》在北京互换,沙俄获得了借地筑路权,以及派兵进入中国东北和派军舰进入中国所有口岸之权,为沙俄海陆军侵入中国领土打开了方便之门……1897 年 11 月,严复函请吴汝纶为《天演论》作序。当时,日俄两国为争夺中国东北和朝鲜,斗争非常激烈,日本对俄国干涉割让辽东半岛一事一直耿耿于怀,不停地扩军备战。严复当时曾有预测:数年之内,日俄必有"一战",根据 1896 年《中俄密约》,中国可能会为俄国资助粮食与军火。而中国与俄国合作无异于引狼入室,长城以北及东北将沦落敌手。一旦金瓯残缺,则人为刀俎,我为鱼肉,中国人民将和印度人一样成为亡国奴。而中国面对的西洋人绝非历史上入主中原的游牧民族,其科学技术和典章制度均远远超过中国,如此,则中国四千年文明将扫地而尽之。

严复为国家的前途和中国数千年古老文明的命运而焦虑,他拿不准自己的预测是否有过虑之处,十分担心如此惊心动魄的变故成为现实,常于夜半之际从床上爬起来号啕大哭。作为先行者严复的孤独与苦楚是常人难以体会到的,周围无人理解他的内心痛苦,他只有把满腔忧愤通过书信向吴汝纶倾诉。俗话说得好,"男儿有泪不轻弹,只是未到伤心时。"严复的同辈人、光绪举人、自号"哭庵"的近代诗人易顺鼎对此有精辟见解:

"人生必备三副热泪，一哭天下大事不可为，二哭文章不遇知己，三哭从来沦落不遇佳人。此三副热泪绝非小儿女惺忪作态可比，唯大英雄方能得其中至味。按照易顺鼎的标准，严复以满腔的忧时热泪痛哭天下大事不可为，算得上是一位了不起的英雄人物了。"

天津俄文馆于 1900 年因八国联军入侵天津而停办，1901年《德国推广租界合同》记载："新租界内有中国国家俄文学堂一所，留归中国自用。"1903 年并入北洋大学俄文专科班，专门培养翻译人才，学制四年。天津著名爱国教育家马千里先生1906 年就毕业于北洋大学俄文专科班。

天津近代教育家郑朝熙

在天津河西区杭州道小学的教学楼门前，镶嵌着一块复原的汉白玉石碑。此碑是1948年该校"家长助学委员会"为纪念创建人、天津近代教育家郑朝熙而立。"文革"时，此碑被毁。1989年9月4日，河西区政府在第五届教师节前夕复立此碑，举行了复碑仪式。市人大常委会副主任杨坚白参加了复碑仪式并揭碑。在复碑仪式上，郑朝熙的二女儿、河西区人大代表、退休老教师邓资慧被聘为杭州道小学名誉校长。

郑朝熙校长

郑朝熙，字际唐，1878年9月23日（清光绪四年）生于河北省衡水县（今衡水市）郑家河沿村。其父英年早逝，他与母亲相依为命，过着穷苦的日子。他自幼勤奋好学，每日打柴回来路上，他便立于村内私塾窗外偷听老师讲课。日复一日，被老师发觉，便考问他一些经史知识，都能对答如流，老师十分惊异。于是收留他在私塾当杂工,并管饭食。老师非常喜爱这个勤奋好学的弟子,除了和其他学生一起学习外,还为他开"小灶",做课外讲授。因此,他进步很快。16岁时在县里考中案首(即秀才第一名),一时名声大噪,结识了不少读书人。1908年他被保送东渡日本留学,考入仙台宏文学院专攻教育,并对日本中小学进行了考察。1911年,他应召回国,出任北京师范大学讲师,教授教学法和教育心理学等课程,并且亲自编写教材。

1912年,他向北师大领导建议创办附属小学,作为师大学生的教学实践的基地。学校领导责成他创办北京师大第一附属小学,并担任校长。他以极大的热情,亲自规划学校,设计校舍,栽种花木,聘请教师,安排教学。1920年暑假,郑朝熙破例聘请天津直隶第一女子师范学校第十级年仅17岁的毕业生邓文淑(即邓颖超)和王贞儒为该校第一批女教师。1923年,为了解决城郊平民子弟失学问题,在北京齐化门(朝阳门)外蓝旗营房附近,创办北师大附小第二部,取得了民办公助因陋就简办学的经验,并在报刊上发表了《蓝旗营房办学经验》的论文。

从1912年9月至1927年10月,郑朝熙在北师大一附小任校长达15年,为该校的发展呕心沥血,使该校闻名京城。

1927年秋,郑朝熙应交通部部长叶恭绰聘请到津浦铁路局督察处育才科任视学,撰有《扶轮小学视察记》一书。1928年9月,应河北省教育厅长曹秉国之请到河北省冀县(今冀州市)省立第六师范任教,教授教育学和教学法课程,并兼任附小主任,继而被任命为六师校长。1930年11月,郑朝熙因病辞职回北京治疗。

郑朝熙病愈后，于 1930 年底，在河北省教育厅任小学科科长。不久，调天津市教育局督学处主任；1933 年，他还兼任河北省立女子师范学院师范部实习课指导教师。1937 年 7 月，"七七事变"后，郑朝熙退职，拟自办一所小学。他向河北省银行贷款联币六万元，购买了在六区（今河西区）杭州道袁世凯第九妾的一所房子改建为校舍。于 1938 年创办天津特别市市立女子师范学校小学部，任校长，并组织"学生家长助校委员会"，动员社会名流及工商业者协助办学。1942 年 1 月，更名为天津市第 51 小学。1946 年 8 月，该校改为天津市第六区中心国民学校。

抗战胜利后，国民党天津市党部主任委员时子周委托老教育局局长邓庆澜在下瓦房恢复天津市立师范学校，郑朝熙是筹备组成员。1946 年 9 月，"市师"复校上课，郑朝熙任教务主任，兼教育学、教学法课程。"市师"复校后，以郑朝熙任校长的天津市第六区中心国民学校改为市师附小。1947 年在台北路 16 号增设分校（现为河西区湘江道小学）。

郑朝熙与邓庆澜、孙世庆（北京师大二附小主任）有"北方教育三杰"之誉。郑朝熙对教育教学很有研究。每星期开一次校务会，着重研究教学工作。他非常注重师资水平，聘任的教师都是省师、市师毕业生或有高中以上学历的。他对教师、学生要求十分严格。他经常听课，抽查教案、学生笔记、作业、作文等。他在课堂教学上主张多种形式，如：自学辅导课、作业分析讨论课等。学生的课桌是特制的等边三角形，六个人把课桌一凑便组成六边形，便于进行小组讨论研究。他提倡启发式，反对注入式。语文强调作文、写字；数学强调灵活，反复练习。他对学生的写作尤为重视。要求一年级组句，二年级写周记，三年级以上写日记。要求教师当天批阅当天发还。作文每周一次。他重视写字课，除一年级使用铅笔外，其他年级一律用毛笔小楷。一年级描红，一篇四个大字，教师做示范，目的是发展学生挽力；二年级描红，一篇九个字；三四年级临帖，一篇九个字；五年级每篇十六个字；六年级每篇四个大字。该校学生普遍写字基础好，写作水平高。该校数学课每节60分钟，30分钟响一次铃，前30分钟讲新课，后30分钟做练习题。教师对后进生个别辅导，还要为速度快的同学设计补充题。该校数学精讲多练，因材施教，教学质量相当高。

郑朝熙注重学生参加社会实践，提高学生的生活能力。他特地从南京晓庄学校请来吕镜楼老师教劳作课。教男生班学木工，修理课桌椅，学砖瓦工，盖小库房；学农事，种花草树木。女生班学补衣服、纳鞋底、盘扣绊、做饭等。

郑朝熙注重学生体育锻炼，每天早操后，由校长、教师带队到马路上跑圈，定期召开运动会。学校每学期举行一次成绩展览会，把学生的优秀作文、各科作业、写字、图画、手工等都陈列出来，请家长参观。还让学生当场演示，如当场造句（低年级）、当场写字、作画、写文章、计算题等，受到家长的称赞。

"市师"附小，教育教学水平高，成为全市小学的表率，经常有贵宾来参观。

1947年，郑朝熙被选为天津市参议员。他郑重地提出增加教育经费的提案，却得不到理睬，他十分气愤。同年，他因年老病情加重，手足颤抖站立不稳，遂提出辞去"市师"附小校长职务。由李书元继任校长，学生家长为纪念郑校长办学的功绩，在该校刻石立碑。1956年1月13日，天津近代教育家郑朝熙先生因病逝世，享年78岁。

"科技泰斗"侯德榜

被誉为"科技泰斗，士子楷模"的侯德榜在津旧居坐落于德租界威廉街（今解放南路323号），为三层砖木结构小洋楼。20世纪二三十年代侯德榜曾住在这座靠近海河的小洋楼里。

"科技泰斗"侯德榜

侯德榜（1890—1974年），名启荣，字致本。福建闽侯县人。6岁由祖父侯昌林启蒙，1903年入福州英华书院读书，1910年毕业于上海闽皖铁路学堂，1911年以首选入北京清华留美预备学堂。1913年以10门功课1000分的优异成绩保送美国麻省理工学院化工科。1917年入哥伦比亚大学化学工程系学习。学习期间，侯德榜于1919年与正在美招聘设计人才的陈调甫相识并一见如故。应陈之邀，他参加了永利碱厂的设计工作。1921年侯德榜提出毕业论文《铁盐鞣革法》，由哥伦比亚大学授予哲学博士学位。是年他得到永利创始人范旭东的赏识，应聘为永利制碱公司工程师。

是年 10 月，侯德榜返回祖国。1922 年春节刚过，他便从福建赶到塘沽，着手永利碱厂的创建。当时世界制碱技术为苏尔维制碱集团所垄断。侯德榜在范旭东的支持下，呕心沥血，历经艰辛与曲折，终使永利制碱成功。1926 年 6 月 29 日，塘沽永利碱厂生产出第一批碳酸钠含量在 99% 以上的产品。是年永利"红三角"牌纯碱获得美国费城万国博览会金奖，并被誉为"中国工业进步的象征"。

1927 年，侯德榜担任永利制碱公司碱厂厂长兼总工程师。1933 年侯德榜的专著《纯碱制造》(英文版)在美国出版，为世界制碱工业做出了重大贡献，深为各国专家推崇。永利制碱获得成功后，在范旭东的倡导下，为发展氨、酸工业，将永利制碱公司改为永利化学工业公司，并在南京六合县(今六合区)卸甲甸建设永利宁厂。1934 年侯德榜担任永利化学工业公司总工程师兼沽、宁两厂厂长。是年，侯德榜再次赴美组织设计，选购设备。回国后，亲临宁厂现场指挥工程安装调试，全身心地投入创建我国氨碱工业。1935 年 8 月中国工程师学会将首次颁发之荣誉金牌授予侯德榜。1937 年 1 月永利宁厂建成，是我国乃至亚洲第一座大型化工联合工厂，为我国化学工业发展奠定了基础。

不久抗日战争爆发，永利沽、宁两厂相继沦陷。侯德榜在国难当头之时，以复兴工业为大任，追随范旭东，组织技术力量，携眷迁川，在华西重新开拓化工基地，他出任永利川厂厂长兼总工程师。1938 年 8 月侯德榜又一次出国，组织川厂设计，采购设备。在抗日战争最艰难的岁月，侯德榜带领"永、久、黄"团体技术骨干，自行研究新的制碱工艺，历经三年艰辛、上千次试验，创造了制碱新工艺，1941年3月被范旭东命名为"侯氏制碱法"，为世界制碱技术做出重大贡献。1943年10月侯德榜博士荣膺英国皇家学会化工学会名誉会员，此次授衔深得世界学术界的重视，为中国工业界之光荣。是年，侯德榜接受巴西政府和印度塔塔公司的邀请，考察资源，履勘厂址，设计碱厂，后协助修改碱厂布局，改进制碱方法，成绩斐然。印度塔塔公司聘请侯德榜为最高化工顾问，此举开中国制碱技术输出之先河。

1945年10月范旭东先生逝世后，侯德榜被永利董事会推举为继任总经理。即着手公司复员及接收沦陷之永利沽、宁两厂工作。并向美国办理范先生生前十厂计划的贷款，主持湘厂设计，采购设备。1948年8月"范旭东先生纪念奖章奖金评议会"一致公推侯德榜博士为首届人选，他谦辞不受，旋将全部奖金转赠中华化学工业会上海南昌路图书馆。

1949年5月，侯德榜赴印度协助塔塔公司期间，上海解放。他得知共产党对永利事业的关心，深受鼓舞，归心似箭。回国途中屡遭反动派威胁利诱，几经辗转历时近五十天回到北京。9月出席中国人民政治协商会议，当选为第一届全国政协常委委员。1950年任中央财经委员会委员、重工业部化工局顾问、中华全国自然科学专门学会联合会副主席。1951年任中国化学会理事。

1952年永利化学工业公司实行公私合营，侯德榜任总经理。1953年当选为"民建"中央常委。1954年当选为第一届全国"人大"代表。1955年受聘为中国科学院技术科学学部委员。1956年担任中国化工学会筹委会主任。1957年侯德榜经何长工、赖际发介绍参加了中国共产党。1958年任化学工业部副部长。是年担任中国化工学会理事长。

中华人民共和国的成立，为侯德榜实现振兴化学工业创造了前所未有的条件。1951年党和政府支持他在大连开展"侯氏制碱法"的试验，历经十年的努力，于1961年建造了我国第一座大型"侯氏制碱法"工厂并通过国家鉴定，不仅为中华民族争得荣誉，同时将世界制碱技术推向新高峰。

侯德榜从20世纪50年代起就注重化肥产品的研究，1965年荣获国家科委颁发的"碳化法合成氨流程制碳酸氢氨"的发明证书。为我国农业的发展做出了重大贡献。侯德榜在科学技术上治学严谨，勇于实践，善于总结。同时勤于笔耕，先后在国内外出版过10部专著，发表过70余篇文章，为世界科技文献宝库增添了财富。其中最珍贵的是1958年他利用"休养"的机会日夜辛勤编撰的巨著——《制碱工学》。全书分上下两册，近80万字，是他一生从事制碱科学实践的结晶，该书于1959年国庆10周年前夕在北京出版，是我国及世界制碱工业的经典著作。

1974年8月26日侯德榜博士因患脑出血，病逝于北京，终年84岁。侯德榜一生不仅用他的知识和技术增进祖国的物质文明，也以他那艰苦朴实、勤奋进取、无私奉献、执着爱国的高尚情操给祖国精神文明增添光彩，堪称我国知识分子之典范。

奥地利著名建筑师盖苓

罗尔夫·盖苓是20世纪20年代至50年代中国有名的建筑设计师,奥地利人,出生在维也纳。1920年与挚友、医学博士莱奥·伯瑞尔一起携妻来到天津。1922年,盖苓和妻子在为天津设计了几座欧式花园别墅后,在天津定居下来,他掌握了流利的汉语,并且在现在的重庆

1926年伯瑞尔与盖苓(右)
在刚建好的德美医院房顶

道24号剑桥大楼开办了美术建筑事务所,承揽建筑设计和装潢。盖苓夫妇住在蚌埠道7号(一说2号)的德式楼房,育有二子三女。1929年至1934年,盖苓在天津工商学院(今天津外国

语大学址)担任教授,讲授建筑设计等课程,培养了一批与当时国际水平接轨的中国学生。1952 年 8 月 1 日,盖苓病故于天津蚌埠道寓所。他的生前好友和许多学生纷纷前往吊唁,并向盖苓夫人索要其生前设计的作品珍藏,以此作为对这位杰出建筑师最好的纪念。他的妻子及子女居津多年,后来去了美国。

盖苓在中国的建筑作品达 300 来处,主要作品集中在天津,最少有上百处,有人说是 200 多处,目前已确认的就有 20 余处。大家熟悉的五大道地区的民园大楼、剑桥大楼、香港大楼等高级公寓楼就出自盖苓之手。

其中,马场道香港大楼建于 1937 年,多为社会名流及中产阶级居住。建筑平面呈"L"形的五层混合结构,带有地下室和后院,楼内有旋转楼梯,居室内木地板、木楼梯、壁炉、水磨石地面,并配有厨房、卫生间等设施,转角窗的处理及外面的围墙设计,显示了先进的设计理念。立面凸出的红砖窗套与浅色混水墙面对比使用,韵律之中富于变化,形成独特的肌理,具有明显的现代建筑特征。

1925 年盖苓设计了坐落在特一区威尔逊路（今河西区解放南路)的天津德美医院(今英迪格酒店址),盖苓传记的作者,英格·沙伊德尔博士在《罗尔夫·盖苓》一书中记述了这件事:"1925 年 1 月盖苓的妻子赫尔蜜呢在给盖苓母亲的信中写道:'前不久罗尔夫去了北京三天;他与伯瑞尔夫妇到那儿去参观医院——说不定要在这儿建一所——他们去那里考察了医院的设施。'1925 年,罗尔夫的朋友伯瑞尔医生,同其他的德国医生、两个德国护士及一个中国医生,还真的就成立了一个股份制的德美医院。由于医院是在美国注的册,所以就使用了这个名。因为罗尔夫不仅是伯瑞尔医生的好朋友,他自己也是医院的大股东之一,所以就把设计建筑医院的计划交给了他。为了建造最现代和最先进的医院,医生们给他提出了各种建议和要求。新建的医院拥有1500平方米的建筑面积。底楼有由两个大厅组成的病房,各有十个床位,分别安置男女病人。二楼则有十个单人病房,五个双人病房。这之外还设有手术室和各类治疗室。罗尔夫是一个极为推崇新型建筑材料——钢筋水泥的建筑师,这自然导致了他在建筑工程上注定要采用预制件的方式。其优点是,采用了这个当时还相对比较新的建筑方式,节省了建筑费用,同时也缩减了建筑工期;这在中国因寒冷的冬季而长时间不能施工的情况下,显得尤为重要。医院的设计,在科室房间的安排上,必须严格地按照医疗和管理流程的要求。为了发挥使用预制件的最佳特点,罗尔夫在考虑医院的进口前厅、诊病室、治疗室、住院病房等的设计上,采用了组装模块,不仅要从纵向上,还要从横向上都可以进行任意地复制。为了实现他的设想,他把医院的整个建筑工地弄得像个"建筑技术试验场"。不仅所有的混凝土梁和柱子是在现场生产的,而且全部的混凝土预制板件也都是直接在建筑工地上浇筑的。医院建筑要求即实用又经济,故采取素净的医院大楼配上大玻璃窗,再装上有颜色反差的绿色百叶窗。值得注意的是楼顶的大平台,病人们可以在这儿的躺椅上休息。

　　1926年的11月,医院正式开业了。这个建筑对于罗尔夫来说意义很大,他11月24日在给他母亲的信中进行了详细的叙述:"十天前这儿的德国医院开业了,我们可以说,这是一个极大的成功,这不仅仅是对我来说,对伯瑞尔医生也一样。开业时邀请了许多的德国人以及其他国家所有的官方机构来参观;到场的有三百多人。医院建筑及医院的装置、设施设备等都得到了来访客人和所有报刊的赞扬,大家一致认为她是天津最现代化的医院。可这对我来讲,那曾是一段非常繁重的工作,特别是在有限的条件下解决了那么多的疑难问题。我们花了一年多的时间,最终实现了所有的愿望,整个工程没有一件是需要返工的。"

当然盖苓设计最多的是单所小洋楼。这些小楼风格各异,独具风韵,既优美又实用。如昆明路 117 号的吴颂平旧宅、睦南道 74 号的李勉之和李慎之旧宅、花园路 9 号章瑞庭旧宅等。可以说,盖苓作为外籍建筑设计家,为将欧洲建筑艺术引入近代天津,贡献颇多。

花园路 9 号建于 1922 年,由富润建筑工程公司承建。为法兰西仿曼塞尔式花园建筑风格,前部为主楼和前院,后部临营口道是平房和花园。全楼占地面积 2650 平方米,建筑面积 2305 平方米,计有楼房 36 间、平房 11 间。楼房用红机砖砌墙,牛舌瓦顶,砖木结构,三层,另有地下室和顶子间,一楼入口处为半圆形凉台,进入主楼迎面是纵横连列券式花厅,十分新颖别致,构思精巧独特。花厅正面用彩色玻璃镶嵌成风景图案大窗,厅顶以钢丝玻璃罩顶,使花厅在白天十分明亮,且光线柔和。一楼中厅后是大客厅,客厅通向凉台,走下凉台就到了后院。二层楼、三层楼,逐层缩小,房间减少,阳台增大。房间均为细木地板、双槽窗。地下室为锅炉房、厨房、杂房。后院有平房和汽车库,通往前后院的甬道上置葡萄架遮阳。这里是著名实业家章瑞庭的旧宅。

据盖苓亲属介绍,盖苓不但在天津设计了很多房屋,还在秦皇岛、北戴河等地设计了不少洋楼。其中在北戴河海滨设计了一部分海滨别墅,风格各有特色,至今保存完好。每到炎夏时节,盖苓常携家人到北戴河避暑,并居住在自己设计的别墅里。此外,盖苓还设计了大连火车站和沈阳的东北大学部分教学楼。

天津"白求恩"傅莱

天津"白求恩"傅莱（1941）

在波澜壮阔的中国抗日战争史上，有位曾经为天津抗战和天津解放做出过杰出贡献的国际主义战士，他就是天津"白求恩"傅莱。

傅莱原名理查德·施泰因，1920年2月11日生于奥地利维也纳一个普通职员家庭，其父是位地方财税官员，其母是个擅做女装的裁缝。他早年就同情工人阶级，参加维也纳工人的斗争和奥地利共产党组织的活动，在斗争中初步接受了马克思主义教育。他参加了医学训练班，接受临床化验、使用 X 光机和急救防疫等医务训练。1935年傅莱加入奥共领导下的共产主义青年团，1937年他加入了奥地利共产党。他在学校里秘密地宣传共产主义，在校外参加各种反法西斯主义的地下活动。1938年3月，法西斯德国吞并奥地利后，他被列入盖世太保的黑名单，随时都有被杀的危险。同年 12 月，奥共地下党突然通知他必须在 24 小时内紧急转移。他经瑞士到了意大利的热娜亚港。他要到东方去，到向往已久的中国去。

1939 年 1 月 15 日傅莱不远万里来到中国上海，在一家难民临时传染病医院行医。同年 3 月他离开上海来到天津，先后在德美医院、马大夫医院放射科、化验室任职，住在英租界登百敦道 262 号（今和平区云南路 48 号）。这是一座德奥式二层大屋顶土木结构建筑。1940 年，他通过保定基督教青年会任职的美国进步人士胡本德与中共北平地下党取得了联系。当时，考虑到他的医生身份，北平地下党给他的任务是利用在医院行医的方便条件，主要为晋察冀抗日根据地和平西抗日根据地采购和运送部队急需的药品。之后，按照党组织的指示，在天津将近两年的时间里，傅莱不畏艰险，承担了为抗日根据地运送药品等物资的重任，并出色地完成了党组织交给的各项任务。有一次，正值 1940 年下半年八路军发起"百团大战"期间，平西抗日根据地急需大量的奎宁、消炎粉和红药水，而此时正好德租界的商人有一批化妆品要运送到北平，傅莱急中生智，很快与德商取得了联系，谎称自己也有一批物资要运到北平，希望能与他们的物资同行。在获得同意后，傅莱依靠两个在医院工作的中国员工，在他们的帮助下，对药品进行了严密的包装，并及时通知北平地下党派人接站。随后，他亲自护送药品到天津车站，由于当时日本与德国同属"轴心国"，因此日伪当局对这批物资没有进行严格的检查。就这样，这批药品在傅莱的周密安排下，从日军的眼皮底下顺利地通过了关卡，并安全地运送到平西抗日根据地，受到晋察冀军区司令员聂荣臻的高度评价。

　　1941年秋，傅莱到达平西抗日根据地，之后前往晋察冀抗日根据地。聂荣臻安排他在白求恩卫生学校任教员。傅莱的中文姓名就是聂荣臻司令员按他母语"自由"的语音起的。在晋察冀他参加了多次残酷艰巨的反扫荡战斗，并救治了无数的抗日将士和培养了许多八路军医务工作人员。1943年根据地流行疟疾，由于日寇封锁医院缺少药品；傅莱通过当地老中医的帮助，获得针灸治疗疟疾方法，并到部队施救和加以推广，取得边区战胜疟疾的胜利，而获得通报全军褒奖。在边区，经聂司令员的介绍和中央组织部部长彭真同志的批准，他加入了中国的共产党。1944年中央将他调到延安，在延安医科大学从事传染病内科的教学工作。在延安他与李滨珠，一位抗日老战士结了婚，从此在中国有了自己的家。

　　1945年初，为了解决部队缺医少药的困境，傅莱通过宋庆龄与美国援华委员会取得了联系，经过他多次向援华委员会发函，得到了美国研制青霉素的菌种和部分研制资料。不久，他与其助手在延安极其艰苦的条件下，经过50多次的试验，首次在中国成功地研制出了初制青霉素和外用青霉素，解决了前线军队和根据地军民急需青霉素的难题，挽救了许多负伤将士的生命。傅莱成为中国研制使用青霉素第一人。

　　解放战争的炮火打响了。他带着X光机和医疗就诊器，参加了著名的大同、太原攻坚战、张家口、石家庄和天津等战役。在天津战役中，傅莱作为华北军区卫生顾问，曾亲临前线组织伤员救护工作。为确保天津战役期间我军伤员能够得到及时救治，他根据天津战役的规模、参战兵力和特点，及时提出了组建多个野战医院的提议，在他的积极努力下，天津周围很快建立了十余个野战医院，同时他还就手术治疗、药品供应和防敌偷袭等问题,进行了周密而细致的部署,从而为解放军顺利解放天津做出了重要贡献,受到天津前线指挥部司令员刘亚楼和东北野战军后勤部首长的充分肯定。以后,他又转战大西南,开展防疫工作,担任西南军政委员会公共卫生处负责人。中华人民共和国成立后,傅莱加入了中国国籍,担任重庆市卫生局顾问,在重庆医学院从事教学工作。他在那里安家落户,并经常深入到农村、少数民族边远地区研究地方病和传染病。直到 20 世纪 60 年代初他被调到北京。

1979 年,傅莱出任中国医学科学院医学情报研究所副所长,同时担任中国生物医学情报中心网络项目的领导工作。他努力探寻中国生物医学情报和网络现代化道路,建立起全国第一个生物医学情报中心和网络,并培养了大批人才。1985 年退居二线以后,他仍然以全国政协委员、中国医学科学院顾问、医学情报所名誉所长等身份,为中国医疗卫生事业的发展继续奔忙。2004 年 11 月 16 日,这个身躯伟岸、人格伟大的 84 岁老人傅莱,在北京病逝。全国政协在维也纳为他竖立了纪念牌,其碑文由奥地利总统撰写。2007 年傅莱纪念碑在晋察冀烈士陵园中揭幕,原外交部部长黄华为他的墓葬地题词"傅莱同志革命精神永存",中国人民对外友好协会会长陈昊苏题词"缅怀傅莱同志为中国人民服务、为中奥友谊工作"。

参考资料

1. 天津档案馆、南开大学分校档案系编：《天津租界档案选编》，天津人民出版社，1992 年。

2. 天津市档案馆、天津海关：《津海关秘档解译——天津近代历史记录》，中国海关出版社，2006 年。

3. ［英］雷穆森著、许逸凡 赵地译、刘海岩校订：《天津租界史》（插图本），天津人民出版社，2009 年。

4. 天津社会科学院历史研究所《天津简史》编写组：《天津简史》，天津人民出版社，1987 年。

5. 来新夏主编：《天津近代史》，南开大学出版社，1987 年。

6. 天津市政协文史资料研究委员会编、王华棠主编：《天津——一个城市的崛起》，天津人民出版社，1990 年。

7. 天津市政协文史资料研究委员会编：《天津租界》，天津人民出版社，1986 年。

8. 万树明主编：《河西文史资料选辑》第一辑，准印号：津新出图字(96)第 0066828 号，1996 年。

9. 万树明主编：《河西文史资料选辑》第二辑，准印号：津新图字(97)第 002400 号，1997 年。

10. 李玉田主编:《河西文史资料选辑》第三辑,准印号:津新出图字(99)第 002950 号,1999 年。

11. 李玉田主编:《河西文史资料选辑》第四辑,准印号:津内部资料性准印证图字第 01222 号,2002 年。

12. 沈树和主编:《海河河西史话》(河西文史资料选辑第五辑),中国文史出版社,2004 年。

13. 天津市河西区政协文史委员会、天津市河西区建设管理委员会编、沈树和任编委会主任:《天津德式风情区》(河西文史资料选辑第六辑),准印证号:津内部资料性准印证图字第 06152 号,2006 年。

14. 刘开基主编、张绍祖执行主编:《天津河西老学校》(河西文史资料选辑第七辑),中国文史出版社,2008 年。

15. 刘开基主编、张绍祖执行主编:《天津河西政协春秋》(河西文史资料选辑第八辑),准印号:津内部资料性准印证图字第 09055 号,2009 年。

16. 张绍祖、张建虹编著:《天津德式风情区漫游》,黄河出版社,2010 年。

17. 刘开基主编、张绍祖执行主编:《天津河西历史文化》(河西文史资料选辑第九辑),中国戏剧出版社,2011 年。

18. 张绍祖、张建虹编撰:《天津河西历史文化名人传略》,线装书局,2013 年。

19. 李红梅主编、张绍祖执行主编:《天津河西老工厂——天津河西工业遗产》(河西文史资料选辑第十辑),线装书局,2014 年。

20. 李红梅主编、张绍祖执行主编:《天津河西老街道(河西文史资料选辑第十一辑)》,团结出版社,2014 年。

21. 张绍祖主编:《荣园——人民公园》(河西文史资料选辑第十二辑),人民教育出版社,2015 年。

22. 李红梅主编、张绍祖执行主编:《天津河西老医院》(河西文史资料选辑第十三辑),华龄出版社,2016 年。

23. 孙淑环主编:《天津市地名志 03 河西区》,天津人民出版社,1999 年。

24. 张绍祖编著:《津门校史百汇》,天津人民出版社,1994 年。

25. 校史稿编写组:《新华中学校史稿》(1914—2014),天津教育出版社,2014 年。

26. 天津市河西区地方志编修委员会编著:《河西区志》,天津社会科学院出版社,1998 年。

27. 河西区人民政府编:《天津河西区地名录》,内部印刷,1985 年。